CÓMO COMPRAR O VENDER TU CASA

Evite cometer errores en la transacción

Edith Lank

Real Estate Education Company®

a division of Dearborn Financial Publishing, Inc.

Traducido de la primera edición en inglés de
The 201 Questions Every Homebuyer and Homeseller Must Ask!

Dirección editorial: **Karin N. Kiser**
Supervisión editorial y producción: **Editorial Pax México**
Traducción: **Laura Garibay**
Portada: **Mike Neville**

© Copyright 1998 por Dearborn Financial Publishing, Inc ®
Publicado por Real Estate Education Company®
una división de Dearborn Financial Publishing, Inc.,® Chicago

Library of Congress Cataloging-in-Publications Data

Lank, Edith.
    [201 questions every homebuyer and homeseller must ask!
Spanish]
    Cómo comprar o vender tu casa: evite cometer errores en la
transacción/ Edith Lank.
        p.   cm.
    "Traducido de la primera edición en inglés de 201 questions
every homebuyer and homeseller must ask!--T.p. verso.
    ISBN 0-7931-2698-3
    1. House buying--United States. 2. House selling--United States.
I. Title.
[HD259.L3618   1998]
333.33'83--dc21   219
                                                                    CIP

ÍNDICE

Primera parte

PARA COMPRAR UNA CASA

Estudie el proceso de compra de casas

Un vendedor tiene épocas buenas y malas, pero siempre es buen momento para comprar.

Si el mercado local está a la baja (el del comprador) los vendedores le recibirán con los brazos abiertos y tal vez obtenga una ganga, pero si el mercado (el del vendedor) está en auge, le conviene introducirse en él lo más pronto posible y tomar parte del crecimiento, aunque no pueda costearse la casa de sus sueños. De lo contrario, el inmueble que desea aumentará de precio más rápido de lo que usted pueda ahorrar para el enganche. Cuando el mercado es bueno, compre lo que pueda, tan pronto como pueda.

¿Qué diferencia hay entre comprar y rentar?

El deseo de retirarse de las presiones del crecimiento demográfico, la necesidad de expresión propia, la inflación, los impuestos, etc., todos son factores que intervienen en la decisión de comprar una casa. Cuando se es propietario de una vivienda, podemos encender el estéreo a media noche, tener perros, gatos, cultivar un jardín, poner clavos donde querramos y usar la lavadora y la secadora cuando lo deseemos.

Nadie puede exigirnos que nos mudemos.

Los impuestos sobre la propiedad y los pagos de intereses pueden deducirse del impuesto sobre la renta, y la parte proporcional del pago mensual de la hipoteca sirve para reducir la deuda mayor como un ahorro obligado.

Si en la actualidad usted goza de una renta baja, tal vez prefiera entrar al mercado de bienes raíces invirtiendo en una pequeña propiedad.

Quizá su trabajo demande mucho tiempo de su parte y no pueda dedicarse al mantenimiento que un propietario debe dar a su casa; tal vez no pueda, ni quiera, cumplir con las exigencias de tener una propiedad. Muchas personas hacen uso de su creatividad en labores tan mundanas como cortar los arbustos o podar el pasto, pero si es usted el tipo de persona que tiene que recurrir al plomero o al electricista siempre que haya que reparar una llave de agua o un contacto, seguramente que ser dueño de una casa le significará más una carga que un gusto.

O bien, si usted viaja con frecuencia, tal vez lo haga con más tranquilidad si no tiene que preocuparse por quién va a atender el jardín, limpiar la nieve o por dejar la casa vacía. En tal caso, le conviene considerar la posibilidad de comprar un condominio, en donde se combine la facilidad de no procurar tantos cuidados con las ventajas financieras de poseer una casa.

¿Puedo comprar?

Se requieren tres cosas para comprar una casa: un poco de efectivo, ingresos seguros y un buen crédito, pero si carece de alguno de estos requisitos, no se desespere, todavía tiene posibilidad de adquirir. un inmueble. Existen diversas técnicas para resolver cualquier dificultad.

Sólo asegúrese de que el corredor de bienes inmuebles conozca bien sus problemas financieros. Un agente competente puede recomendarle un sistema de financiamiento adecuado a su situación particular.

¿Qué es utilidad?

Además del ahorro en impuestos, puede esperar incrementos en el valor de su casa en muchos aspectos: una ganancia adicional sobre su inversión conocida como *plusvalía*. Los lugares varían; los agentes pueden estimar lo que podría suceder en su zona durante los próximos años. Si, de un modo conservador, usted puede esperar que el valor de su casa aumente $3,000 el año próximo, eso puede justificar hasta $250 más al mes en el pago de la hipoteca.

La utilidad o plusvalía representa la cantidad que usted tendría si vendiera su casa y liquidara el gravamen que tenga sobre ella, que por lo general, se trata de una hipoteca. Es decir, si adquiere una casa de $120,000 con $25,000 de enganche y una hipoteca de $95,000, su utilidad, un día después de mudarse, es de $25,000. La plusvalía o utilidad es el dinero que usted ha invertido en la casa, algo así como tener dinero en el banco.

Si el valor de la casa aumenta un 5% el siguiente año, y su deuda es *amortizada* por un pago de $1,900 ese primer año, su utilidad se habrá incrementado a $32,900 (valor del mercado, $126,000 menos la deuda restante, $93,100).

La utilidad acumulada supone, desde luego, un aumento en el valor del bien inmueble.

¿Cuál es el primer paso?

Prepárese para la compra:

- Comience por leer anuncios clasificados en la sección de bienes raíces de su periódico local. Visite casas que se estén mostrando durante los fines de semana (aun cuando todavía no esté listo para comprar), pues cuanto más familiarizado esté con las zonas en donde quiere vivir, mejores decisiones podrá tomar.
- Póngase en contacto con una institución de crédito y pida un informe sobre usted mismo, sólo para asegurarse de que no se cometan errores (lo que sucede con muchas cuentas).
- Ahorre efectivo extra. Se sentirá motivado a no salir de vacaciones o no ir al cine cuando tenga una meta a corto plazo, como ahorrar para el enganche y gastos de escrituración.
- No compre nada a crédito. No es momento para comprometerse a pagar otro automóvil, adquirir un bote o solicitar una tarjeta adicional de crédito.

- Si alguien le proporciona efectivo para su compra, deposítelo en su cuenta de ahorros varios meses antes de que solicite el préstamo hipotecario.
- Pida una aprobación de crédito en una institución financiera. Si el vendedor sabe que usted ofrece seguridad para el préstamo hipotecario que necesita, su oferta será más atractiva y quizá hasta obtenga una concesión en el precio.

Conozca a los agentes

Al comenzar a buscar casa, le conviene conocer los diversos términos que describen a los concesionarios de bienes raíces.

Agente es un término general para todo aquel que cuenta con el poder de actuar por otro. Los agentes tienen varias obligaciones legales (fiduciarias) hacia las personas que los contratan (sus clientes o directores). Más adelante hablaremos de esto.

Corredor es un término legal aplicado a alguien que tiene una licencia otorgada por el estado para negociar transacciones de bienes raíces y cobrar por sus servicios.

Un *vendedor* cuenta con una licencia que le permite ayudar a un corredor en particular, de alguna manera como aprendiz. El corredor es legalmente responsable de las actividades del vendedor. (En algunos lugares, la palabra *agente* puede usarse para describir a un vendedor, en oposición a un corredor.) Un vendedor no puede operar sin supervisión y tampoco puede cobrar honorarios excepto los que le pague el corredor, y por lo general como una participación de la comisión ganada por el trabajo del vendedor.

REALTOR® es una marca registrada (como Xerox, Frigidaire o Coke) usada por un corredor (en algunas zonas, por un vendedor) que pertenece a una organización privada llamada Asociación Local o Consejo de REALTORS®, así como Asociaciones Nacionales y Estatales. Los REALTORS® obedecen un código de ética que va más allá de la ley de licencias estatal y a menudo patrocinan un sistema local de bolsa inmobiliaria que ofrece acceso a catálogos de casas en venta de muchas empresas diferentes.

REALTOR-ASSOCIATE® es el término que emplean algunas oficinas de REALTORS® para los vendedores asociados con los corredores miembros.

Por tanto, al comenzar a buscar al mejor agente, decida si prefiere a un vendedor o a un corredor. Cada uno tiene sus características pero, en general, se puede esperar que un corredor tenga más capacitación y experiencia. Por otra parte, algunos viejos vendedores siguen conservando ese estatus porque prefieren no estar en el negocio por sí solos. Incluso puede usted encontrar a un novato bien adiestrado y con mucha motivación que le ofrezca un servicio de primera.

¿Cómo protejo mis intereses?

Si el agente es lo suficientemente profesional como para poner en primer lugar el interés del vendedor (y sólo hay un primer lugar), ¿cómo afectará esto su relación con el corredor de un vendedor?

Primero, esté consciente de que no se le debe confidencialidad alguna a usted. Sólo por razones prácticas le conviene revelar su situación financiera si espera recibir un servicio eficiente, pero puede retener un poco de información. El corredor que sabe que usted pagará más "si tenemos que", está obligado (estrictamente hablando) a transmitir esa información al vendedor. Por ello, decirle "Pero no le diga al vendedor" no servirá de nada porque el agente no tiene ninguna obligación de obedecerle. Nunca diga nada al agente que no pueda decirle al vendedor; suponga siempre que todo lo que diga le será (o al menos así debería ser) informado.

Aproveche el hecho de que debe recibir respuestas honestas a sus preguntas. En algunos estados, usted tiene derecho a una declaración escrita de defectos, pero en otras partes, la pregunta "¿Conoce los desperfectos de esta casa?" es una buena interrogante para formularla al vendedor y al corredor, de preferencia ante testigos.

¿Puedo contratar a mi propio corredor, alguien que ponga mis intereses en primer lugar?

Por supuesto que puede.

Hasta hace algunos años, sólo se contrataba a corredores de los compradores para la adquisición de propiedades comerciales, pero en la actualidad muchas empresas ofrecen una representación del comprador y, con frecuencia, para comprar residencias.

Si desea encontrar a un agente que opere como corredor del comprador, comuníquese con algunas de las empresas más grandes de bienes raíces de su ciudad y converse con los directivos de la firma; en caso de que alguna no ofrezca ese servicio, hay que averiguar cuáles sí. A menudo un abogado que se desenvuelve en este campo puede darle nombres de corredores de compradores; o bien, recurra a los agentes que se anuncian en la sección amarilla del directorio telefónico.

El corredor del comprador puede pedir un anticipo nominal para compensar el tiempo invertido, el que algunas veces se aplica contra una comisión final o contra el precio de la propiedad adquirida. Si no se adquiere ninguna propiedad dentro del tiempo contratado, el anticipo puede perderse.

En ocasiones, el comprador paga la participación usual (tal vez la mitad) de la comisión originalmente prometida al corredor del vendedor cuando la casa se puso a la venta. A su vez, el vendedor puede reducir el precio de venta en esa cantidad porque pagará sólo la mitad de la comisión total al corredor.

En teoría, el comprador que específicamente contrata a un corredor debe pagar por sus servicios; sin embargo, en realidad por lo general da mejor resultado que el vendedor pague la comisión originalmente acordada, parte de la cual es para el corredor del comprador.

¿Por qué el vendedor estaría dispuesto a hacer esto?

Para lograr la venta de la casa.

Los compradores, en particular los primerizos, no cuentan con mucho efectivo al momento de cerrar la venta y, con tal de lograr el trato, los vendedores a menudo están dispuestos a manejar la comisión de esa forma.

Quienes están a favor del sistema de corredor del comprador prefieren esto porque establece una situación adversaria similar a aquella en la que las partes tienen dos abogados diferentes. Vendedores y compradores cuentan con un corredor que claramente está trabajando para ellos, sin tener que enfrentarse a los conflictos de interés que surgen en el sistema tradicional.

Si usted contrata a su corredor, espere firmar un contrato en el que promete que durante un periodo específico no buscará casa con nadie más y que si de alguna forma adquiere una propiedad dentro de ese periodo, el corredor tendrá derecho a cobrar una remuneración.

El sistema puede funcionar bien. El corredor de un comprador se compromete a ayudarle a negociar el precio más bajo posible, es libre de señalar cualquier desventaja de alguna propiedad y está obligado a conservar toda información que usted le dé como confidencial.

No obstante, pueden surgir problemas si usted se encuentra atado a un agente que, al final, no cubre sus necesidades. Y en este punto conviene recordar que el método antiguo, en el que el trato es con corredores de vendedores, ha existido durante varios años y puede ofrecerle resultados satisfactorios.

¿Es buena idea comprar directamente de un propietario?

Los vendedores que promueven su propiedad se conocen como FSBO (siglas en inglés de *"for sale by owners"*, "en venta-trato directo"), y algunos lo hacen por la satisfacción de emprender un trabajo al que no están acostumbrados, no para ahorrarle la comisión a usted, ya que por lo general pretenden hacer la venta a un valor justo y guardarse la comisión como una ganancia extra por su labor.

Usted tendrá más trabajo si compra directamente del propietario pues, a menos que cuente con su propio corredor, tendrá que negociar frente a frente, contratar a un abogado que redacte el contrato, analizar diversas opciones financieras y efectuar los trámites para la hipoteca. También es importante contratar a un valuador para que revise la propiedad antes de que se decida a comprar.

Tal vez desee comprar directamente si el lugar es único, es decir, si es exactamente lo que usted quiere y que no ha encontrado en las propiedades incluidas en catálogo. Asimismo, quizá se encuentre con una casa por la que el propietario pida menos de su valor por no haber contratado a un valuador profesional; en tal caso, procure actuar pronto pues existen inversionistas que esperan toparse con propietarios desorientados y se apoderan de propiedades a bajo precio.

De lo contrario, comúnmente es una pérdida de tiempo iniciar su búsqueda de casas directamente. Hasta que usted conozca bien los precios de la zona y todo el proceso de compra de inmuebles, puede ser muy difícil tratar con propietarios que frecuentemente tienen ideas exageradas respecto al valor de su casa y no saben cómo proceder. Espere hasta que, por fin, sepa lo que está haciendo.

Encuentre y contrate al mejor agente

Al igual que en la búsqueda de un dentista, un plomero o un abogado, las recomendaciones de los amigos que han tenido buenas experiencias puede ser la mejor forma de encontrar un buen agente de bienes raíces.

No obstante, tome en cuenta lo siguiente: los corredores tienen especialidades, y lo que usted busca es a alguien que se concentre en las características que desea o el tipo de casa que le gusta.

Si las recomendaciones fallan, podrá encontrar corredores de vendedores respondiendo anuncios, llamando a los números telefónicos de letreros alusivos y visitando casas abiertas. Siga indagando hasta que encuentre a quien cubra sus necesidades.

¿Cómo sé si un corredor es bueno para mí?

Observe estos factores:

- ¿El agente responde pronto sus llamadas telefónicas? Éste es un buen parámetro para juzgar la eficiencia de cualquier profesional, bien sea un agente, un técnico en televisión o un médico.
- ¿El agente le explica las cosas de manera que pueda usted comprenderlas? Esto es especialmente importante para los compradores primerizos. Si encuentra a un agente que sea un maestro nato, considérese afortunado. (De hecho, muchos agentes fueron maestros.)

- ¿El agente está dispuesto a invertir tiempo con usted? Si el agente mantiene abierta una casa que está a la venta, por ejemplo, y usted llega a visitarla, ¿se limita a saludarle, a preguntarle si le interesa al momento de retirarse y a dejarlo ir? Usted busca a alguien que, si no está atendiendo a otros prospectos, le muestre la casa de manera profesional, averigüe sus deseos y necesidades y le ofrezca sentarse a charlar sobre otras casas si a usted no le interesa ésta.

- ¿Le ofrece el corredor una entrevista inicial en su oficina en vez de encontrarse con usted en la casa que le interesa? Para obtener buen servicio, es necesario analizar su situación en términos de finanzas y generales.

- ¿El agente le hace preguntas acerca de sus finanzas enseguida de conocerle? Quizá esto no se considere buenos modales en la sociedad, pero es el distintivo de un corredor profesional que se interesa en ofrecer un buen servicio.

- ¿Le advierte el corredor que está trabajando como agente de un vendedor?

- ¿Las primeras casas que le sugiere le demuestran que el corredor ha escuchado y comprendido lo que usted quiere y necesita? Si lo lleva a visitar casas con un número equivocado de habitaciones o que evidentemente no se adaptan a su presupuesto, olvídelo.

- ¿El agente conoce bien las condiciones locales?

- ¿Tiene mapas de la zona? ¿Cuenta con información o folletos sobre escuelas, museos y las tasas de los impuestos que generará su compra?

Cuando encuentre al corredor que cubra sus requisitos, que le inspire confianza, no lo deje ir. Háblele de los anuncios de otras empresas que le han interesado, incluso los de propietarios que venden directamente (FSBO), para que pueda investigar y proporcionarle información útil. Pídale su opinión antes de aventurarse a visitar casas por sí solo; no dude en llamarle por teléfono, pues ellos están acostumbrados a recibir llamadas nocturnas o durante los fines de semana. El servicio es lo mejor que tienen para vender, y entenderán cualquier indicio que usted les dé para aprovecharlo.

Si cuento con un buen agente, ¿necesito un abogado?

En la industria de los bienes raíces, las leyes varían notablemente de un área a otra y en algunos lugares incluso le dirán que no necesita abogado. La ley no requiere que usted contrate asesoría legal; sin embargo, no conviene proceder sin ayuda profesional, la de su propio abogado que esté totalmente de su parte. Los abogados siempre son útiles, no tanto para sacarle de problemas sino para evitárselos.

Su abogado se asegurará de que el contrato de venta proteja sus intereses, intervendrá si surgen dificultades antes de cerrar el trato, y revisará las cifras finales para cerciorarse de que obtenga el crédito adecuado en el momento oportuno.

Los abogados también tienen especialidades, como los médicos. No consultaríamos a un ginecólogo si sufrimos un esguince en una rodilla, y tampoco buscaríamos a un abogado empresarial o penalista para comprar una casa. (Por supuesto que en las ciudades pequeñas la mayoría de los abogados son generales y también manejan bienes raíces entre muchos otros asuntos.)

Para encontrar a un especialista, puede pedir a su corredor que le sugiera dos o tres nombres; ellos conocen a los abogados que están activos en este campo.

En una ciudad extraña, puede llamar a un banco y preguntar cuál empresa maneja sus bienes raíces; o bien, ponerse en contacto con un despacho de abogados importante y preguntar quién se especializa en asuntos de inmuebles.

Procure localizar pronto a su abogado; llámele por teléfono a su oficina y explíquele que está buscando casa. Si no le gusta lo que escucha, siga buscando y nunca dude en preguntar el costo de los honorarios.

El abogado propondrá el momento oportuno para volver a ponerse en contacto. Si está usted atravesando por problemas financieros (como juicios, por ejemplo) que deben resolverse, tal vez desee la asesoría legal de inmediato. De no ser así, quizá no tenga que volver a hablar con el abogado hasta que esté listo para hacer una oferta por escrito o adquirir una propiedad en particular.

¿Para qué necesito al agente, además de ver casas?

La persona promedio supone que el trabajo de un agente de bienes raíces es ayudarle a encontrar casa, pero eso sólo es la punta del *iceberg*. El corredor típico pasará más tiempo tratando de que usted llegue a un acuerdo con el vendedor y, lo que es más importante, ayudándole en el financiamiento de su compra.

Los siguientes son algunos de los servicios que puede usted esperar, aun cuando trabaje con el corredor del vendedor (lo que sucede con frecuencia):

- *Análisis de su situación financiera.* No se sienta ofendido por lo que puedan parecer preguntas personales. Un buen agente las formula al principio porque la institución de crédito las formulará más tarde. Así, en la primera conversación, ya está creando una estrategia para el financiamiento de su compra, basándose en las diversas opciones de hipoteca que incluimos más adelante.
- *Información en cuanto a los principios básicos de los bienes raíces.* Los corredores esperan pasar tiempo extra con los compradores primerizos. Usted tiene el derecho de insistir en que se le explique cada paso hasta que lo comprenda cabalmente.
- *Recomendación de un rango específico de precios.* Sin esos parámetros, todos (vendedor, agente y usted mismo) sólo estarán perdiendo el tiempo. Es útil que le digan el rango de precios para el cual califica, pero recuerde, no es necesario que revele el precio máximo que está dispuesto a pagar.
- *Orientación acerca de una nueva comunidad.* Si se está mudando de ciudad, consiga el pe-

riódico local, lea los anuncios y escriba a un par de empresas de bienes raíces que manejen propiedades en el área o del precio que usted está buscando. Tal vez reciba llamadas de larga distancia, mapas, fotografías y ofrecimientos para que tome un avión, haga reservaciones de hotel y contrate servicios de niñera. Visitar una ciudad acompañado de un corredor es una de las mejores formas de conocer las colonias, las escuelas, comercios, etcétera.

- *Información sobre diferentes lugares.* El agente no responderá preguntas ni transmitirá información voluntariamente que se relacione con puntos incluidos en la ley de derechos humanos: por ejemplo, composición étnica o racial de los vecindarios. Pero sí puede responder preguntas relacionadas con restaurantes vegetarianos y clubes deportivos, proporcionarle información veraz sobre los costos por alumno de las diferentes escuelas del lugar, e indicarle en un mapa las instituciones religiosas que le interesen.

- *Selección de catálogos.* El agente le mostrará cualquier casa que esté a la venta y tendrá cuidado de no limitar sus alternativas basándose en criterios raciales, religiosos o de tipo similar. Recuerde, no obstante, que un buen agente pretende ofrecerle lo que mejor le conviene de acuerdo con sus gustos, necesidades y características personales; un buen agente prefiere escuchar en vez de hablar y le ayuda a reducir las opciones disponibles con el fin de usar su tiempo más eficazmente.

- *Visitas a propiedades.* El agente concertará citas para visitar casas y (a menos que sea un corredor de descuento) le acompañará. Durante esas visitas, no dude en hacer preguntas, pues él o ella tendrá disponible todo un cúmulo de información sobre cada propiedad que vean, incluyendo tamaño del terreno, impuestos sobre la propiedad y cifras de avalúo, antigüedad de la casa, pies cuadrados, sistema de calefacción, etcétera.

- *Cálculo de costos de propiedad.* Cuando esté interesado en una casa en particular, su agente le ayudará a deducir cómo puede comprarla y cuánto le costará al mes.

- *Negociación del contrato.* El agente preparará un contrato de compra obligatorio o (en algunas áreas) un memorándum preliminar de los términos acordados. Las diferencias entre lo que usted quiere y lo que el vendedor desea se negociarán hasta que lleguen a un acuerdo.

- *Coordinación con su abogado, si lo tiene.* El corredor trabaja estrechamente con el abogado a partir del momento en que usted hace una primera oferta de compra por escrito.

- *Experiencia financiera.* Entre las actividades de un agente ésta es, probablemente, la más importante y la que más tiempo le exige. Un buen agente se mantiene en estrecho contacto con las instituciones financieras locales y le ayuda a encontrar el financiamiento más adecuado para usted entre los cientos de planes hipotecarios que existen.

- *Ayuda en la solicitud de hipoteca.* En muchos lugares, el agente espera hacer una cita para usted con una institución de crédito, ayudarle a prepararse para la entrevista inicial y quizá acompañarlo. Mientras usted espera la aprobación, el agente estará en contacto con el prestamista para resolver cualquier duda que surja.
- *Transacción.* Las leyes de cada lugar varían, pero en muchas áreas el corredor está presente en la sesión de cierre e incluso efectúa él mismo la transferencia del título de propiedad.

Calcule cuánto puede gastar en su nueva casa

En realidad no es tan simple. Hoy día, la mayoría de los compradores obtienen financiamiento con hipotecas y las tasas de interés fluctúan de una manera que jamás habríamos imaginado. El criterio actual se concentra en los costos mensuales de propiedad y cómo se comparan con el ingreso y las deudas.

El proceso por el cual se determina cuán seguro es otorgarle un préstamo se conoce como *calificación*. Dado que una institución de crédito lo calificará más tarde (en el proceso de comprar una casa), la mayoría de los corredores de inmuebles lo hacen, por lo general con una hoja de entrevista cuando se reúnen con usted por primera vez. Este capítulo le ayudará a calificarse usted mismo.

¿Es el ingreso el factor principal de calificación para un préstamo?

De hecho, no.

Actualmente, en esta sociedad controlada por las deudas, son igualmente importantes las otras obligaciones que usted tenga. Cada institución financiera y cada plan hipotecario sigue sus propias pautas. Algunas veces puede marcarlo una deuda antigua a pagar en más de seis meses, y en otros casos, sólo cuentan aquellas que tienen un año o más. Préstamos para estudiantes destacados, pagos de seguro de vida y el número de dependientes pueden o no afectar el pago de su hipoteca.

Al hacer el cálculo, incluya los ingresos de todos los que serán dueños de la casa. Las personas solteras pueden unir sus ingresos para comprar una casa juntos, al igual que lo hacen las parejas casadas. Si usted es un profesional independiente, promedie los ingresos de los últimos dos años. No incluya acontecimientos que se dan una sola vez, como herencias, liquidaciones de seguros y ganancias de capital.

¿Qué deudas contarán en mi contra?

Tal vez no haya usted considerado un factor que puede afectar en su contra: el número de tarjetas de crédito que use en la actualidad. Aun cuando las pague usted oportunamente y no tenga cargos, si posee toda una colección de tarjetas, los prestamistas imaginan que usted puede salir mañana y usar todas hasta el tope. En particular si su calificación está en el límite, esa posibilidad puede ser suficiente para reducir sus puntos. Por ello, si tiene media docena de tarjetas, considere realmente la posibilidad de cerrar esas cuentas lo más pronto posible y conservar sólo una o dos.

LISTA DE INGRESOS		
	Propietario 1	**Propietario 2**
Salario (bruto) del empleo principal		
Ingreso por actividad independiente		
Ingresos de un segundo empleo		
Dividendos		
Intereses		
Pensión		
Seguridad Social		
Ingreso por renta		
Manutención de niños, pensión alimenticia (si es ordenada por la corte)		
Otros		
Total	_____ A	_____ B
Ingresos totales (A + B) = $ _____		

La mayoría de las instituciones financieras no prestan atención a las deudas que se pagarán en seis meses (y en algunos casos hasta 10 ó 12 meses), así que cuando anote su lista de deudas, omita aquellas que se liquidarán en un plazo de seis meses.

¿Cuáles son los parámetros o proporciones de calificación?

Los prestamistas calculan su posibilidad de pago de hipoteca de muchas formas. Algunos cálculos incluso toman en cuenta el pago del impuesto sobre la renta y el número de dependientes. Sin embargo, en sentido general, usted oirá hablar de los parámetros de calificación de las instituciones financieras. Un parámetro típico puede ser 28/36 ó (lo que es más generoso en cuanto a la cantidad que puede usted solicitar) 29/41.

LISTA DE PAGOS MENSUALES		
	Propietario 1	Propietario 2
Automóvil		
Préstamo para mobiliario		
Pagos de aparatos		
Crédito revolvente		
Otros		
Total	_____ A	_____ B
Ingresos totales (A + B) = $ _____		

La primera cifra es el porcentaje del ingreso mensual bruto que el prestamista le admitirá como pago mensual máximo. Con una proporción de 28/36, usted podrá gastar el 28% de su ingreso mensual bruto en el pago de la hipoteca; o sea, un ingreso semanal aproximado para un pago mensual porque un mes tiene un promedio de 4.3 semanas.

Usando una proporción o parámetro de 28/36, a un comprador que tenga un ingreso mensual aproximado de $4,000 se le autorizará un pago mensual de hipoteca de $1,120 dólares. Usted mismo puede hacer el cálculo.

Los prestamistas deducen este pago autorizado de dos maneras, y el cálculo siguiente toma en cuenta las otras deudas que usted tenga. La segunda cifra del parámetro que estamos usando (36%) parece admitir un porcentaje más elevado del ingreso mensual para el pago de la hipoteca, pero eso es porque también debe cubrir el pago mensual de otras deudas.

El mismo comprador, con un ingreso mensual bruto de $4,000 puede tener un gasto mensual en pago de deudas de $400. Al aplicar la proporción de 36%, tenemos un resultado de $1,440 al mes disponibles para el servicio de la deuda. El saldo de los $400 en pagos mensuales califica al prestatario para un máximo de $1,040 en costos de hipoteca.

PAGO MENSUAL MÁXIMO	
Su ingreso mensual bruto	$ _____
Multiplicado por 36%	x _____0.36_____
Pago mensual máximo del servicio de la deuda	$ _____
Resta de pagos actuales	– _____
Disponibilidad para pago mensual	$

Los prestamistas lo calculan de ambas formas y luego toman la cifra menor, más conservadora. (Es por eso que no le conviene adquirir una deuda por un automóvil nuevo cuando está buscando casa.)

¿Qué significa CISI?

El término se refiere a los cuatro componentes estándar de un pago mensual de hipoteca: capital, interés, seguro e impuestos. En la mayoría de los planes hipotecarios, el prestamista cobrará cada mes no sólo los primeros dos rubros, sino además una vigésima parte de sus impuestos prediales anuales y una duodécima parte de la prima del seguro de propietario. Estos pagarés por impuestos y seguro irán directamente al prestamista, quien los pagará con el dinero de usted y los pondrá aparte en un fideicomiso. Los prestamistas tienen un particular interés en que esos pagarés se cubran para proteger la seguridad de sus préstamos.

¿CUÁNTO CUESTA EL SERVICIO DE LA DEUDA?
Su pago mensual máximo   (de la tabla anterior) $ _____

Resta del impuesto mensual
  sobre el predial (del
  cálculo del agente)   − _____

Resta del seguro   − _____
Capital y pago de interés $ _____

En el ejemplo anterior, en donde $1,040 fue el máximo pago CISI porque el prestatario tenía otras deudas importantes, ¿cuánto puede comprar esta cantidad? Veamos, ¿para cuánto califica el prestatario?

La respuesta no es fácil.

Los impuestos prediales y las cifras del seguro difieren de una casa a otra. Las tasas de interés también varían de un plan de hipoteca a otro; y, desde luego, la cantidad de efectivo disponible para el enganche significa una gran diferencia. Es realmente sencillo hacer el cálculo cuando uno ya tiene en mente una casa en particular, pero en este momento es posible obtener un cálculo aproximado.

Usted necesitará información (disponible con cualquier agente) acerca de los impuestos prediales promedio en el rango de precio y el vecindario en que usted desea residir. El seguro del inmueble y del propietario es un asunto más sencillo porque el cálculo total es un estimado aproximado; pueden manejarse $30. Un cálculo equivocado en este punto no será mucha diferencia.

Suponiendo que el promedio de impuestos prediales es de $2,400 al año en una determinada colonia, el cálculo del pago de la hipoteca será así:

- $1,040 de pago máximo
- menos $200 mensuales para impuestos
- menos $30 al mes para seguro
- lo que deja $810 mensuales para capital e intereses

Usted mismo puede hacer el cálculo usando las dos cifras finales menores de los anteriores estimados.

Analice la siguiente tabla de amortización para calcular cuánto puede pedir prestado.

PROGRAMA DE AMORTIZACIÓN: PAGO MENSUAL NECESARIO PARA AMORTIZAR UN PRÉSTAMO DE $1,000				
	Número de años de préstamo			
	15	20	25	30
Tasa de interés %				
5	7.91	6.60	5.85	5.37
6	8.44	7.17	6.45	6.00
7	8.99	7.76	7.07	6.66
7.5	9.28	8.06	7.39	7.00
8	9.56	8.37	7.72	7.34
8.5	9.85	8.68	8.05	7.69
9	10.14	9.00	8.39	8.05
9.5	10.44	9.33	8.74	8.41
10	10.75	9.66	9.09	8.78
10.5	11.05	9.99	9.45	9.15
11	11.37	10.33	9.81	9.53
12	12.00	11.02	10.54	10.29
13	12.65	11.72	11.28	11.07

Si nuestro comprador hipotético tiene $30,000 disponibles para el enganche, puede solicitar $92,300 en préstamo, es decir, puede adquirir una casa de unos $122,300. Para fines prácticos, el comprador podría buscar una propiedad de hasta $135,000 porque uno nunca sabe lo que un vendedor puede pedir. El cálculo total es aproximado, de cualquier modo, hasta que se conozcan los impuestos prediales y las tasas de interés exactos.

¿CUÁNTO PUEDE PEDIR PRESTADO?

Capital y pago de interés
    (de la tabla de la página 23) $ _____

Dividir entre el costo mensual
    por mil a la tasa actual,
    en un término de 30 años
    (de la página 25)   ÷ _____

Número de miles multiplicado
por 1,000   x _____$1,000_____

Cantidad máxima de hipoteca $ _____

¿CUÁNTO PUEDE PAGAR POR UNA CASA?

Cantidad máxima de hipoteca
    (de la tabla anterior) $ _____

Sumar el enganche disponible   + _____

Precio de compra estimado $ _____

La cifra es sólo un aproximado, pero usted
puede tomar en cuenta casas con un valor
un 10% mayor a ese precio.

Una nota de precaución ahora que ha hecho todo este trabajo: no se sorprenda si un agente experto, trabajando con el conocimiento de las proporciones, las tasas de interés y los impuestos prediales actuales, llega a una recomendación diferente.

Analice *realmente* los costos de una casa propia

El pago de su hipoteca seguramente será su gasto mayor; así lo es para casi toda la gente. Si usted compra cuando las tasas de interés están relativamente bajas, es muy posible que opte por una hipoteca de tasa fija; en tal caso, desde el principio podrá hacer un cálculo exacto de lo que pagará mensualmente por el capital y los intereses durante unos 15, 25 ó 30 años.

Cuando las tasas de interés aumentan, la mayoría de los prestatarios prefieren hipotecas de tasas ajustables o variables. Si conoce el tope de su tasa de interés, desde el principio puede hacer un estimado del "peor pago", es decir, del cargo mensual más elevado que usted tendrá que hacer si las tasas de interés sobrepasan el tope en algún momento durante el plazo de su préstamo.

Los siguientes rubros dentro del estándar de pago CISI son los impuestos y el seguro, que pueden manejarse de dos formas: usted mismo puede cubrir esos pagarés o (lo más probable) puede manejarlos su institución de crédito.

¿Debo conservar la propiedad asegurada?

Ninguna ley le obliga a comprar un seguro, pero si usted quiere un préstamo hipotecario, deberá tenerlo y deberá demostrar que lo ha adquirido antes de que el prestamista le entregue el cheque por el monto de la hipoteca; y debe nombrar al prestamista como parte beneficiaria en la póliza. Si no se le pide que lleve una cuenta bancaria para depósitos en garantía (algunas veces eso es posible), usted mismo puede pagar las primas, pero el prestamista tiene todo el derecho de exigir una prueba, cada año, de que se están haciendo esos pagos.

El acreedor hipotecario (prestamista) le pedirá que contrate para su casa lo que se conoce como seguro contra daños (incendios y riesgos similares) por una cantidad suficiente para cubrir el préstamo. Si es usted un propietario prudente, querrá una cobertura más amplia y por una mayor cantidad.

La reconstrucción después de un incendio, aunque sea parcial, algunas veces puede costar más que el precio original de compra; además, un propietario requiere de protección personal contra riesgos que no interesan al prestamista: por ejemplo, responsabilidad por un visitante que resulte lesionado en su propiedad.

Su mejor opción es la póliza de propietario que reúne diversas clases de seguros en un paquete. El más económico, llamado básico o HO-1 (1 del propietario) cubre incendios, huracanes, explosiones, humo, cristales rotos y otros riesgos, incluyendo tres muy importantes: robo, vandalismo y responsabilidad.

¿Qué más debo preguntar al comprar un seguro?

Además de preguntar qué cubre la póliza que está comprando, es importante indagar qué *no* cubre (terremotos, inundaciones, por ejemplo). Si usted es dueño de una valiosa colección o de joyas caras, tal vez prefiera pagar una prima adicional por cláusulas que cubran estos rubros.

Una forma de economizar en los costos por seguros es optar por un deducible mayor; es decir, la porción de la pérdida que usted mismo acepta pagar. De cualquier modo, no querrá tener que llenar reclamaciones por pérdidas de $150, y no está usted comprando seguros con el propósito de ganar dinero. Al aceptar manejar una cantidad mayor de pérdida puede reducir las primas considerablemente. Se pretende que el seguro cubra catástrofes reales, del tipo que no podría usted manejar, y le sugerimos investigar los costos relativos en diferentes niveles deducibles.

¿Qué se entiende por valor depreciado?

Suponga que su techo de diez años resulta tan dañado por un incendio que debe restaurarlo totalmente. ¿Cuánto sería lo justo que la compañía de seguros debiera pagarle?

Terminará con un techo absolutamente nuevo en vez del viejo, que ya había pasado la mitad de su vida útil. Podría argumentarse que usted tiene derecho sólo a la mitad del costo del nuevo techo. Por otro lado, usted no podría comprar uno de segunda mano y tendría que costear uno nuevo. Sin ser su responsabilidad, incurriría en un gasto que no esperaba hacer en unos diez años más.

Así que es importante averiguar si la póliza cubrirá el costo total del remplazo, que sería su objetivo. Algunas veces la respuesta depende de la cantidad en dólares de su cobertura, y otras, una cláusula económica puede asegurarle el valor del remplazo.

Aun cuando la asociación de su condominio se haga cargo del seguro del edificio, usted deberá contratar el propio. Aunque piense que tiene pocas cosas de valor, puede resultarle difícil remplazar su equipo estereofónico, su computadora, su videograbadora y su televisor.

Existen seguros especiales para propietarios individuales de condominios.

Si en la actualidad usted está rentando, piense seriamente en la posibilidad de adquirir un seguro de inquilino, pues la póliza de su casero no cubre sus pertenencias. El seguro del arrendatario es bastante económico.

Entienda todas las opciones financieras

Preguntar "¿Cuál es el mejor tipo de hipoteca?" es como entrar a una farmacia y preguntar "¿Cuál es la mejor medicina?". La respuesta, desde luego, depende de la clase de mal que pretenda atacar.

Probablemente existen más de cien planes hipotecarios en su zona, y cada uno se adapta a las necesidades de un comprador, vendedor o parcela de terreno particular.

Si usted es como la mayoría de los compradores, a quien debe acudir en busca de orientación, es con un agente, ya sea suyo o del vendedor. En los primeros minutos de conversación, un buen agente comienza, casi de manera inconsciente, a planear una estrategia para el financiamiento de su préstamo.

Todas esas preguntas impertinentes sobre su salario, el efectivo disponible y sus deudas actuales son importantes para ayudarle a encontrar la manera correcta de manejar su compra.

Los corredores de hipoteca, que trabajan con prestatarios y prestamistas, también pueden ser útiles y, en la mayoría de los casos, los prestamistas o los compradores les pagan sólo después de que se ha asegurado el préstamo.

¿A dónde acudo para obtener una hipoteca?

¡Espere! Recuerde que usted va a *dar* al prestamista una hipoteca, un derecho sobre su propiedad a cambio de un préstamo. Lo que está buscando es un prestamista que acepte y retenga su hipoteca; está tratando de colocarla, está buscando un *préstamo* hipotecario.

No se sorprenda si su prestamista resulta ser algo muy distinto del "banco" tradicional: banco de ahorro, banco comercial o institución de crédito y ahorro. Si bien esas entidades están dentro del negocio de las hipotecas, han surgido nuevos participantes en ese campo.

Los bancos hipotecarios (compañías hipotecarias) están en el negocio sólo para hacer (originar) préstamos hipotecarios y manejar el consiguiente papeleo mensual (dar servicio). A diferencia de los bancos tradicionales, ellos no toman los ahorros de los depositantes ni ofrecen cuentas de cheques. Se mantienen activos en el mercado secundario, vendiendo paquetes de hipoteca y transfiriendo los procedimientos de vuelta a la comunidad para hacer más préstamos. Las empresas bancarias hipotecarias han llegado a ser una parte importante de la industria de los préstamos desde la década pasada.

Cuando se busca al prestamista adecuado suele pasarse por alto a las uniones de crédito; si pertenece a una, menciónelo al corredor con el que esté trabajando e investigue usted mismo si su unión de crédito ofrece préstamos hipotecarios. En algunos casos se puede llegar a términos favorables.

Los corredores hipotecarios no hacen préstamos; su papel más bien es reunir a los prestatarios con los prestamistas. Si usted pasa por una situación poco común o sus necesidades son especiales, pueden ser particularmente útiles porque están al corriente de los ofrecimientos de muchos prestamistas diferentes. Sin embargo, piense bien en el hecho de pagar una comisión antes de asegurar el préstamo; no todos los corredores hipotecarios piden que se les pague una comisión anticipada.

¿En qué forma difiere la tasa porcentual anual de la tasa de interés?

¿Qué es mejor, un préstamo con tasa fija del 9% durante 30 años con el pago de un punto más medio punto por apertura, o una tasa hipotecaria ajustable durante 20 años, actualmente al 6% con cuatro puntos por anticipado?

Es como comparar manzanas con naranjas. Primero, desde luego, usted debe decidir si tiene instinto de jugador y disfrutará rastreando las tasas de interés y corriendo riesgos en los futuros pagos, que pudieran ser más altos o más bajos que al principio. Si las tasas actualmente están en el extremo inferior de su inevitable ciclo, tal vez prefiera un préstamo de tasa fija. Pero es realmente difícil tratar de comparar tasas en planes hipotecarios diferentes con costos de cierre variables.

Para ayudar al cliente, los prestamistas deben señalar una tasa porcentual anual (TPA o APR, por sus siglas en inglés), que tome en cuenta puntos y ciertos costos de cierre.

Suponga que paga el 6%, pero con cuatro puntos extra en un pago total al cierre. Evidentemente, su tasa es, en realidad, mayor al 6%; no es seis más cuatro porque usted paga esos cuatro puntos sólo una vez, no cada año, pero es más de seis. ¿Cuánto más? Eso es la TPA. No todos los prestamistas la calculan de la misma forma, pero es útil para hacer comparaciones.

¿Qué es una hipoteca convencional?

Los préstamos acordados entre usted y el prestamista, sin intervención del gobierno excepto para regulaciones bancarias, se conocen como *hipotecas convencionales*. Dado que la teoría bancaria sostiene que no es seguro prestar más del 80% del valor de una propiedad, el préstamo estándar convencional requiere del 20% de enganche, con lo cual usted tiene una proporción de 80% de préstamo-a-valor (PAV o LTV, por sus siglas en inglés).

Si usted da un enganche menor al 20% en un préstamo convencional, se le pedirá que adquiera un seguro hipotecario privado (SHI o PMI, por sus siglas en inglés). Este seguro, por el que paga una pequeña prima, nada tiene que ver con un seguro de vida o médico. Más bien, protege a la institución prestamista en caso de que el préstamo no se pague y la propiedad no pueda venderse por una cantidad suficiente para cubrir la deuda. Dado que esto reduce el riesgo del prestamista, algunas veces puede solicitar el préstamo con un enganche de sólo el 5% (una proporción LTV de 95%).

¿Cómo funcionan las hipotecas de tasa ajustable?

Hasta principios de la década de los ochenta, casi todas las hipotecas eran préstamos de tasa fija, y el prestatario sabía por anticipado, exactamente, cuál sería el pago mensual que tendría que hacer por capital e interés durante los 15, 25 ó 30 años del préstamo.

Conforme las tasas de interés comenzaron a aumentar y finalmente llegaron al 18%, los prestamistas se encontraron atrapados en improductivos compromisos a largo plazo de conservar el dinero prestado a tasas del 5, 6 y 7%. Esto provocó serios problemas a las instituciones de crédito y muchas se mostraron reacias a hacer más préstamos con un interés fijo.

Lo que surgió fue la hipoteca de tasa ajustable, ARM (por sus siglas en inglés). Este tipo de hipoteca transfiere al prestatario el riesgo de pagar tasas de interés en aumento, y además lo beneficia si las mismas bajan durante el periodo del préstamo. Una ARM suele elegirse cuando las tasas de interés son elevadas; cuando bajan, la mayoría de los prestamistas prefiere aquellas de interés fijo. Quienes planean permanecer en una casa durante un periodo corto, pueden optar por una ARM que inicie baja y no se ajuste durante tres, cinco o incluso siete años.

Para elegir con inteligencia, el prestatario debe hacer indagaciones, preguntar acerca de los detalles de cada ARM para encontrar la que mejor se adapte a su situación.

El análisis de hipotecas de tasa ajustable exige una cabal comprensión de todo un vocabulario nuevo:

Índice. La tasa de interés en su préstamo puede subir y bajar, siguiendo la tendencia de las tasas de interés del país.

Para actuar con equidad, el prestamista debe comparar los cambios con algún indicador nacional de tasas actuales. El indicador debe estar fuera del control de su prestamista y debe ser una cifra que usted pueda verificar, por ejemplo, en las secciones financieras de los diarios.

Los índices más comúnmente elegidos son las tasas a las cuales los inversionistas actualmente prestan dinero al gobierno a través de compras de bonos y pagarés del Tesoro de los Estados Unidos. El índice usado para su ARM puede ser la tasa sobre las ventas de obligaciones del Tesoro a uno, tres o cinco años.

Margen. Si el índice escogido son los pagarés del Tesoro, y se venden a un interés del 6%, por ejemplo, el prestamista no hará préstamos hipotecarios a esa tasa; más bien, usted pagará un porcentaje específico por encima del índice.

Si le ofrecen un margen del 2%, usted pagaría el 8% y, si en el momento del ajuste de intereses los pagarés del Tesoro llegaran al 7%, un margen del 2% establecerá la tasa de su hipoteca al 9%; pero si bajan al 5.5%, entonces el interés bajaría al 7.5%.

Límite. Esta palabra se emplea de dos maneras: primero, el acuerdo del préstamo puede establecerse, digamos, a un límite del 2% sobre cualquier ajuste ascendente. Si las tasas de interés (de acuerdo con lo reflejado con el índice) llegaran al 3% al momento del ajuste, su tasa podría aumentar sólo 2%.

Cuando elija una ARM, pregunte qué sucede en el ejemplo anterior. ¿El 1% extra ahorrado se va a usar para "alcanzar" al siguiente ajuste, aun cuando las tasas de interés hayan permanecido al nivel? O, ¿tendrá usted una amortización negativa (véase más adelante)?

El segundo uso que se le da a esta palabra es como sinónimo de *tope*.

Tope. Un tope (algunas veces llamado cap de vida) es una tasa de interés que su préstamo nunca puede sobrepasar. Comúnmente le ofrecerán un tope de cinco puntos, lo que significa que si su préstamo comienza al 8%, nunca puede pasar del 13%, sin importar lo que suceda con las tasas de interés en el país. Un tope le permite calcular el peor de los casos.

Peor de los casos. Si su préstamo ajustable de 30 años por $85,000 ahora cuesta $510 al mes por capital e intereses al 6%, y su tope es del 5%, lo peor que puede ocurrir es que su interés llegue al 11%. Usted puede, y debe, calcular con anticipación cuánto podría costarle el peor de los casos: $809 al mes.

Amortización negativa. La amortización regular tiene que ver con el pago gradual del capital prestado a través de una parte de sus pagos mensuales. Si, no obstante, estos pagos no cubren siquiera el interés que se debe, es posible que se presente una amortización negativa.

Suponga que el interés sobre su préstamo debería dar un total de $700 al mes. Sin embargo, por alguna razón, su pago mensual se establece a $650. El déficit de $50 al mes puede sumarse a la cantidad que se le ha prestado, y al final del año, usted no deberá menos sino unos $600 más que cuando empezó.

La amortización negativa puede resultar de una tasa inicial de interés artificialmente baja, o puede seguir un alza repentina en las tasas mayor de lo que su cap permite al prestamista imponer.

No todos los planes hipotecarios incluyen la posibilidad de una amortización negativa. En ocasiones, el prestamista acepta absorber algún déficit, pero le sugerimos, antes de elegir alguna ARM específica, preguntar si existe la posibilidad de una amortización negativa y en qué forma.

Convertibilidad. Si la hipoteca ofrece esta atractiva característica, tiene usted lo mejor, pues puede convertir la tasa ajustable de su hipoteca a un préstamo de tasa fija si lo requiere.

Con algunos planes, puede elegir cualquier momento favorable (cuando las tasas fijas suelen estar bajas) durante el plazo de la hipoteca; lo más común es hacer la elección durante determinados aniversarios del préstamo. El desembolso en efectivo para la

conversión es bajo comparado con los costos de solicitar una hipoteca completamente nueva; lo típico
es un punto, es decir, 1% del préstamo. Pero, le recomendamos averiguar siempre cuál será el costo
de la conversión. Por otra parte, también se puede
pagar un interés ligeramente más alto todo el tiempo, a cambio de la opción; asegúrese de entender a
qué tasa podrá usted hacer la conversión pues, con
frecuencia, es ligeramente más elevada que cualquier tasa que el prestamista le ofrezca en ese momento.

Tasa inicial de interés. Con la mayoría de las ARM,
la tasa durante el primer año, o el primer periodo
de ajuste, se fija de manera artificialmente baja para
inducir al prestatario a aceptar el acuerdo, algo así
como una tasa de "bienvenida". Los compradores
que planean estar en una casa durante unos cuantos años pueden sentirse atraídos por esos arreglos,
en particular si no se prevé ningún ajuste de intereses en varios años. Pero otros prestatarios pueden
terminar con una amortización negativa y una conmoción por pagos.

El prestamista prudente debe preguntar al prestatario: "Si no me estuviera ofreciendo esta baja tasa
inicial, ¿cuál sería mi interés real hoy? Si las cosas
siguieran exactamente igual, ¿qué tasa (y qué cantidad de dinero) pagaría después del primer periodo de ajuste?".

Conmoción por pagos. El prestamista que empieza
con una tasa artificialmente baja fácilmente puede
efectuar los pagos. Pero, supongamos que la tasa finalmente aumenta al tope admitido. El resultado

sería un severo ataque de conmoción por pagos, seguido (en la mayoría de los casos) de un juicio hipotecario y la pérdida de la propiedad. Después de muchas malas experiencias, casi todos los prestamistas requieren que los prestatarios califiquen para efectuar los pagos a la tasa del año siguiente, aunque la de este año sea baja.

Periodo de ajuste. Es el tiempo transcurrido entre los diversos ajustes de la tasa de interés. Generalmente se hacen al final de cada año, pero también pueden llevarse a cabo cada seis meses o hasta cada siete años.

Con algunos préstamos, las tasas de interés pueden ajustarse aunque no suceda lo mismo con los pagos mensuales, y esto podría provocar una amortización negativa o, si las tasas han bajado y los pagos no, una reducción más rápida del capital adeudado.

Capital. Es la cantidad que usted solicitó en préstamo; la cantidad que queda de la deuda en un momento dado.

Pago de interés anticipado. Los pagos extra, por anticipado, de intereses pueden reducir la tasa de interés cargada a un préstamo y, en algunos casos, la tasa más baja se aplica durante toda la vida del mismo. Sin embargo, en un pago anticipado 3-2-1, el interés se reduce 3% durante el primer año del préstamo, 2% el siguiente año y 1% el tercero. Después de eso, alcanza niveles normales. Cualquier plan que ofrezca una tasa de interés más baja a cambio de más puntos anticipados es, en efecto, una compra anticipada.

¿Debo contratar un préstamo a 15 ó a 30 años?

Los préstamos hipotecarios a 30 años han ido perdiendo popularidad ante las hipotecas a 20 y hasta 15 años. Los pagos mensuales en un préstamo de 15 años pueden ser un 20% más altos que los del mismo préstamo calculados sobre una base de 30 años, por lo que se requerirá de un ingreso 20% mayor para calificar para un préstamo a plazo más corto. Por otra parte, se hacen pagos por la mitad del tiempo y los intereses totales se reducen considerablemente.

La hipoteca a 15 años opera como un ahorro obligado porque requiere que uno liquide la deuda más pronto. Sería buena si, por ejemplo, sus hijos iniciaran la universidad dentro de 15 años, en un momento en que usted ya fuera dueño de su propia casa.

Es cierto, un plazo de hipoteca más corto inmoviliza su dinero, pero si usted tiene la suficiente disciplina, nada evitará que deposite un poco más de dinero, cada mes, en su cuenta de ahorros, en donde pueda disponer de él según lo requiera y donde gane interés extra.

¿En dónde más puedo conseguir un préstamo hipotecario?

Un vendedor puede estar de acuerdo en ofrecerle financiamiento, prestarle dinero con base en una primera hipoteca o, si la propiedad ya tiene una, un segundo préstamo (por lo general a un plazo más corto).

Algún pariente tal vez pueda prestarle parte del precio de compra, en cuyo caso conviene mantener las cosas dentro de una base estrictamente de negocios, ofreciendo la propiedad como garantía para una hipoteca regular. Hacerlo así le permitirá deducir del impuesto sobre la renta el interés pagado. Si la propiedad no se da en prenda, usted pagará un interés no deducible por un simple préstamo personal.

Los familiares pueden ofrecer préstamos a un bajo o nulo interés, pero el Impuesto Sobre la Renta los desaprueba. Prefiere ver un préstamo hipotecario privado al 9% o a la "tasa federal aplicable", índice publicado mensualmente por el gobierno que sigue las tendencias actuales en las tasas de interés. Si la tasa hipotecaria no cumple ese estándar, el ISR *imputará* el interés y gravará al prestamista como si lo hubiera recibido.

¿Cuál es la diferencia entre un contrato de suelo o de opción de compra y una opción de arrendamiento?

Un *contrato de suelo o de opción de compra* (contrato por escritura, contrato de venta) es una especie de plan a plazos para adquirir una casa. Por lo general es solicitado por un comprador que no cuenta con una cantidad suficiente como enganche para calificar para un préstamo bancario o para convencer a un vendedor de transferir el título de propiedad.

Usted se muda, paga mensualmente al vendedor y se hace cargo de los impuestos, el seguro y las reparaciones, exactamente como si fuera el dueño del lugar. Pero el título no se le transfiere hasta un momento especificado, tal vez cuando haga el pago final.

Con algunos contratos de opción de compra, usted recibe el título cuando haya hecho suficientes pagos constituyendo el 20% del capital. La utilidad se define como la cantidad que "tiene en" la propiedad, aproximadamente el valor del mercado menos el monto de la deuda. A menudo la expectativa es que usted califique para un préstamo hipotecario regular y liquide el contrato de opción de compra.

Una *opción de arrendamiento* difiere de un contrato de opción de compra en cuanto a que usted no pretende comprar la propiedad, sino mudarse a ella como inquilino y pagar una cantidad no rembolsable, tal vez de $1,000 ó $2,000, a cambio de una opción: el derecho de comprar a un precio dado y en un determinado tiempo (por lo general, uno, dos o tres años). Si usted decide no comprar, permanece como inquilino por la duración del arrendamiento. Decidir quién paga cuáles gastos y si parte de la renta se abona al precio de compra, son aspectos que pueden negociarse.

Antes de firmar cualquier contrato de suelo u opción de arrendamiento, obtenga una cuidadosa asesoría extra por parte de su abogado. Las cláusulas de este tipo de contratos pueden variar considerablemente y usted debe contar con alguien que esté de su lado para asegurarse de que sus intereses estén protegidos. Todo contrato debe registrarse, es decir, ingresarse en los registros públicos para notificar detalladamente acerca de sus derechos sobre la propiedad.

NEGOCIE LA CASA DE SUS SUEÑOS 43

Negocie la casa de sus sueños

El contrato escrito está por encima de todo acuerdo verbal. Si el vendedor promete dejar el refrigerador, por ejemplo, asegúrese de que se mencione ese hecho en el contrato, o se quedará sólo con la promesa.

¿Quién redacta mi propuesta?

Dependiendo de la legislación del lugar, un corredor o un abogado generalmente le ayudarán a redactar su oferta de compra, detallando los términos bajo los cuales propone hacer la adquisición. En algunas zonas, se trata de un contrato con todas las de la ley, que para ser legal sólo necesita la aceptación del vendedor; en otros lugares, la ley puede requerir de un memorándum preliminar, cláusulas de acuerdo, o un recibo de pago a cuenta del inmueble.

¿Puede usted mismo redactar la oferta de compra? Sí, y también puede hacerse su propia cirugía. En ambos casos, todo estará bien a menos que cometa un error de novato. No conviene copiar el contrato o modelo de otra persona, pues el suyo diferirá en muchos aspectos de acuerdo con las necesidades de cada una de las partes involucradas, las leyes del lugar y la ley del estado.

Pida al corredor una copia de alguna oferta de compra que sea muy común, o consiga una copia del contrato generalmente usado por la bolsa inmobiliaria o la Barra de Abogados. Estúdielo con calma y con anticipación porque cuando llegue el momento de llenarlo y firmarlo, seguramente estará demasiado nervioso para hacer una consideración cuidadosa.

¿Qué precio debo ofrecer?

Antes de iniciar las negociaciones y de que las emociones hagan su aparición, fíjese mentalmente el precio máximo que realmente desea pagar por la casa: una cifra que no comunicará al agente, a menos que sea alguien específicamente contratado como su propio corredor.

¿Debe esperar pagar el precio que le piden, o existe una fórmula para conocer la cantidad que el vendedor aceptará regatear?

La respuesta es muy sencilla: todo depende.

Los propietarios que odian regatear pueden fijar un precio bajo por su casa, sin dejar lugar a la flexibilidad, pero otros pueden añadir un 5% a lo que realmente aceptarían.

Las circunstancias del vendedor también afectan el precio, pues uno puede encontrarse bajo presiones mencionadas anteriormente. Pero los propietarios de mayor edad, por otra parte, no tienen ninguna prisa de mudarse y tal vez tengan lazos emocionales que les dificulten ver su propiedad con imparcialidad.

Si una casa ha estado a la venta durante mucho tiempo (más de cinco meses), el público comprador ha decidido que no vale lo que el vendedor pide y, en tal caso, no ofrezca el precio máximo.

Por otro lado, no se demore mucho si se encuentra con una casa extraordinaria, que acaba de aparecer en el mercado y es única y con precio bajo. Si hay la posibilidad de que se hagan varias ofertas en un solo día, piense en ofrecer un poco más del precio establecido para tener una ventaja sobre la competencia. Aunque pueda parecer sospechoso que un corredor inmobiliario le recomiende actuar así, siempre es útil conocerlo y confiar en él.

¿Qué pasa después de firmar una propuesta?

Aunque las leyes locales varían, en casi todas partes el corredor presentará su oferta al vendedor sin que usted esté presente; se le pedirá que vaya a casa y espere a que se le llame por teléfono. Mientras tanto, el agente se pondrá en contacto con el corredor con la exclusiva y con el vendedor para concertar una cita y presentar la oferta lo más pronto posible; una de las principales responsabilidades legales del corredor es presentar todas las ofertas rápidamente. Por otra parte, ningún corredor tiene derecho a negarse a hacer una propuesta por escrito, sin importar lo pequeña que ésta sea.

El juego se ha iniciado y el siguiente movimiento lo hará el vendedor, quien puede responder: "Sí" (aceptación), "No" (rechazo) o "Tal vez" (contraoferta).

Si la respuesta es sí, el vendedor está aceptando todos sus términos y tiene usted un contrato obligatorio. ¡Puede saltarse el resto de esta sección!

Pero si la respuesta es no, el propietario no puede cambiar de opinión después y pedirle que vuelva a ofrecer (a menos que usted lo acepte).

Ahora le toca el turno al "tal vez". Un buen negociador le hará una contraoferta en vez de rechazarle: "Aceptamos todos los términos y condiciones, excepto que el precio de compra será $183,000 y dejaremos la estufa y el refrigerador".

Ahora el vendedor está obligado por la contraoferta, que probablemente presente un tiempo límite, en tanto que usted tiene la libertad para considerar los términos; quizá quiera hacer una contraoferta a la contraoferta, tal vez dividir la diferencia.

No obstante, demasiadas idas y vueltas provocan malestar y a menudo acaban con el trato, pues la gente comienza a pensar: "No se trata del dinero, más bien de principios". En vez de trabajar juntos en pos de lo que legalmente se conoce como un acuerdo, el comprador y el vendedor comienzan a ver la negociación como una guerra y se concentran más en ganar, perdiendo de vista sus objetivos originales.

Antes de empezar a negociar, hágase a la idea de que no perderá la casa que realmente desea porque le falten unos miles de dólares. Cuando ya no pueda hacer más concesiones sobre el precio, trate de convenir en algunos cambios con el vendedor: "No puedo pagar más, pero puedo posponer la fecha de cierre si a usted le conviene".

Haga su primera oferta, tal vez la segunda, cercana al precio tope que realmente pagará. La idea es tentar a los vendedores para que cierren el trato, aun cuando no sea lo que tenían en mente.

¿Puedo olvidar todo si no me gusta la contraoferta?

En cada etapa, la persona que hizo la última propuesta queda obligada por ella hasta que la oferta se rechace o se responda. El juego termina cuando una de las partes acepta incondicionalmente el último ofrecimiento de la otra, o lo rechaza.

Recuerde que si aceptan lo que usted propuso, tendrá un contrato obligatorio legal. No juegue con una oferta de compra a menos que realmente vaya a adquirir la propiedad. Debe ser emocionante recibir el aviso de aceptación, que es el requisito legal final para firmar un contrato obligatorio: "¡Felicidades. Dijeron que sí. Acaba de comprar una casa!".

A la espera de las llaves de su palacio

En su zona, el cierre puede ser dirigido por abogados, compañías inmobiliarias, instituciones de crédito, incluso por los corredores de bienes raíces. Se puede llevar a cabo en la corte, un banco, la compañía inmobiliaria, el despacho del abogado o en cualquier otro lugar. Algunas veces todos se sientan ante una gran mesa; otras, el comprador y el vendedor nunca llegan a conocerse.

¿Cuál es el propósito de la escritura?

La escritura, la factura de venta de un bien inmueble, se redacta antes del cierre para que pueda ser examinada y aprobada. Una escritura de propiedad con garantía de título contiene las garantías legales, es decir, que el vendedor realmente es el dueño de la propiedad, y que nadie jamás pondrá en entredicho el derecho que usted tenga sobre ella. En algunas regiones, el estándar es una escritura de compraventa con garantía, o una escritura con garantía de título, que contiene algunas garantías pero no tantas como una escritura con garantía completa. Si usted compra a un heredero, recibe una escritura de albacea. Una escritura de finiquito transfiere totalmente la posesión que el otorgante (la persona que firma la escritura) haya tenido, pero no hace ninguna reclamación de propiedad en primer lugar.

Usted se convierte en el propietario en el momento preciso en que se le entrega la escritura y la acepta: la transferencia física.

¿Cómo debo prepararme para el cierre?

☑ **LISTA DE VERIFICACIÓN ANTES DEL CIERRE**

☐ Seguro del propietario
☐ Seguro contra inundaciones (si se requiere)
☐ Lectura del medidor de agua
☐ Servicio eléctrico y de gas
☐ Proveedor de combustible
☐ Entrega del periódico
☐ Teléfono, cable
☐ Empaque
☐ Compañías de mudanzas
☐ Tarjetas de cambio de domicilio
☐ Revisión de último minuto

Conforme se acerque la fecha de cierre, solicite una revisión final de la propiedad. Si ve una ventana rota que no lo estaba en su primera inspección de la casa, o un auto abandonado en el patio, no hable directamente con el vendedor; diríjase de inmediato al agente o al abogado.

¿Qué sucede al cierre?

Durante el cierre, el vendedor le entrega una escritura de la propiedad a cambio de dinero. Pero usted no puede entregarle el cheque hasta que el prestamista le otorgue el préstamo. Tampoco puede recibir el cheque hasta que firme la hipoteca (o título constitutivo de hipoteca). Y no puede firmar la hipoteca si no es dueño de la propiedad.

Ahora puede darse cuenta de por qué todo esto debe llevarse a cabo de una sola vez y en el orden correcto. Se le entrega un papel después de otro, acompañado de una breve explicación que, por la emoción, usted no podrá entender, seguida de las palabras "Firme aquí".

Si usted está responsabilizándose por una hipoteca ya existente, recibirá un certificado de reducción, la declaración del prestamista de que el capital se ha pagado hasta cierta cantidad; también debe recibir una prueba de que los pagos están al corriente, lo mismo que los impuestos prediales. Una última revisión del título le asegurará que el vendedor no haya pedido dinero prestado dando como garantía la propiedad esa misma mañana.

¿Y si los vendedores no han cumplido lo que prometieron?

Es muy importante resolver los problemas de último minuto antes de que entregue su cheque o el del prestamista.

Una vez hecha la transferencia del título, muchas cuestiones surgen durante el cierre: acaba de adquirir los problemas que acompañan a la propiedad. Por tanto, le recomendamos que no confíe en promesas de que algo se atenderá "en los próximos días".

En casi todo el país, se supone que se le dará la posesión de la propiedad el mismo día del cierre, pero en otras regiones se acostumbra conceder al vendedor algunos días para mudarse.

Si usted acepta que los vendedores permanezcan en la propiedad después del cierre, asegúrese de que tengan la suficiente motivación financiera para mudarse cuando lo prometieron pues, de lo contrario, probablemente se enfrente a un largo y costoso desahucio. Puede fijarse una elevada renta por día, con la cláusula de que se deducirá de la parte del precio de compra siempre y cuando los vendedores salgan cuando se acordó. Algunas veces se fija la renta de manera que aumente si no se mudan cuando deban hacerlo.

¿Qué documentos firmaré?

Usted firmará dos documentos para la hipoteca. Uno es la obligación, o pagaré, la promesa personal de pagar el préstamo, y el otro es la hipoteca (o escritura de fideicomiso) en sí misma, el gravamen financiero contra la propiedad, que concede al prestamista el derecho a evitar que usted redima la hipoteca si no paga. Luego, el acreedor hipotecario le entrega un cheque, quizá el más grande que usted verá en su vida, y que deberá endosar para entregarlo al vendedor.

La escritura, que la firma sólo el otorgante (el vendedor), será puesta en sus manos y se le recogerá para registrarla. Seguramente se la enviarán más tarde. Si nadie puede hacer el registro, acuda a la oficina correspondiente y hágalo usted mismo inmediatamente... esto es de suma importancia.

¡**Felicidades**! Ha sido una jornada larga y complicada, pero observe cuánto ha ganado. ¡Usted y su nueva casa serán muy felices juntos!

Segunda parte

PARA VENDER UNA CASA

Cómo elegir el momento adecuado para vender

¿Cuándo es la mejor época del año para vender?

En un mercado perfecto, la oferta y la demanda están en equilibrio —hay tantos buscadores de vivienda como casas en el mercado— y, en una situación ideal, una buena cantidad de dinero para hipotecas está disponible bajo tasas de interés razonables.

Pero... la perfección escasea en este mundo y, en un momento dado, es muy probable que en su comunidad haya un mercado de vendedores (sin la suficiente cantidad de casas para satisfacer la demanda, por lo que los vendedores pueden imponer su precio), o un mercado de compradores (en donde hay un exceso de casas y los compradores pueden imponer sus condiciones).

¿En dónde se encuentra su ciudad en un momento dado? La mayoría de los corredores de bie-

nes raíces conocen la clase de mercado que preva
lece, pero si quiere usted juzgar por sí mismo, observe las estadísticas de desempleo, el número de
días que las casas permanecen a la venta y sus precios relativos.

Cuando el desempleo es elevado, los trabaja-
dores que abandonan la región pueden inundar el
mercado con casas, y los pocos compradores que
quedan tendrán muchas opciones.

Los corredores de bienes inmuebles deberán tener
datos de los días en el mercado, es decir, los días que
han transcurrido entre el momento en que las casas se
pusieron en venta y las fechas en que se cerraron los
contratos. En un mercado de compradores, los días en
el mercado señalan varios meses o más.

Dado que muchos vendedores no tienen más opción que aceptar el precio que el comprador ofrece,
los niveles de precio que quedan cerca o debajo de los
del año anterior, indican un mercado de comprador.

Si usted no tiene prisa por vender, probablemente deba tratar de esperar a que se presente un mercado propicio para ello.

Si está vendiendo una casa y comprando otra, no
hay mucha diferencia en qué parte del ciclo se encuentre porque alguna ventaja obtendrá en un extremo o en otro.

¿Debo poner primero mi casa a la venta, o esperar hasta que encuentre la que quiero comprar?

Primero ponga su casa a la venta. Casi siempre y
casi en todas partes, es más fácil comprar que ven-

der. Cuando usted encuentre el lugar que quiera adquirir, resultará más atractivo para el vendedor si ya tiene su casa bajo contrato o, al menos, a la venta. De lo contrario, puede ser que el vendedor de la casa que quiere ni siquiera considere una oferta de compra que dependa de la venta de otra.

A menudo, el momento más adecuado para dar su casa en exclusiva es inmediatamente después de que decida venderla.

Seis meses antes del momento en que espera mudarse es casi lo mínimo para lograr mejores resultados. Aun cuando aparezcan buenos prospectos de compra pronto, todo el papeleo que implica una solicitud de hipoteca y el ajuste de sus necesidades y las del comprador, pueden originar problemas si está presionado por el tiempo.

Si no ha logrado vender su casa antes de que tenga que mudarse, se encontrará en la poco envidiable situación de pagar por dos lugares a la vez. Debido a que una casa vacía pocas veces luce tan bien como una amueblada, su vivienda vacía quizá deba venderse por menos y, además de perder dinero cada mes, usted estará en desventaja cuando llegue el momento de negociar el precio.

Si bien algunas casas se han transferido en menos de una semana, bajo circunstancias inusuales o sin ninguna hipoteca en puerta, es mejor dejar de tres a seis meses siempre que sea posible. Tendrá mayores probabilidades de recibir el precio más alto por su casa si escoge entre el conjunto más grande de posibles compradores. Un enfoque desacelerado para la venta es la mejor garantía de una suficiente exposición al mercado.

Seleccione un buen agente

Entre los servicios que se debe esperar de un buen agente están los siguientes:

- *Análisis del mercado.* Fijar el precio adecuado a su propiedad es la mitad del trabajo de venta, por lo que el agente deberá realizar una investigación, con frecuencia antes de la entrevista inicial, para que usted tenga los datos necesarios y llegue al precio apropiado.
- *Información.* Al momento de obtener su casa en exclusiva, el agente reunirá información detallada respecto a la propiedad, material que empleará no sólo para ayudar a los posibles compradores a escoger cuáles casas visitar, sino para redactar anuncios, elaborar un acuerdo de compra y arreglar la transferencia final del título de propiedad.
- *Asesoría en reparaciones.* Quizá le resulte difícil ver su casa con imparcialidad, pero como el agente tiene experiencia en juzgar las propiedades desde el punto de vista de los compradores, puede ofrecerle valiosas sugerencias para mostrar la suya en las mejores condiciones.
- *Servicios temporales.* Si usted va a salir de vacaciones o tiene que mudarse antes de que se venda su casa, puede esperar que el agente inmobiliario supervise su propiedad, se encargue del cuidado del jardín y ayude en posibles actos de vandalismo o incendios.

Si los vecinos ven algo sospechoso, generalmente puede pedírseles que llamen al número anotado en el letrero de venta, y el agente siempre estará disponible en el caso de emergencias.

- *Publicidad.* Los costos de publicidad suelen ser absorbidos por la empresa inmobiliaria y representan el principal gasto del corredor. Por lo general la agencia decide el tamaño y la frecuencia de los anuncios. Aunque le pedirán sus sugerencias, pronto descubrirá que el agente tiene experiencia en su redacción.

- *Calificación del prospecto.* A menos que cada buscador de casas que visite su propiedad sea financieramente capaz de comprarla, usted estará perdiendo su tiempo y el de los demás. El agente posee una técnica establecida para juzgar a los compradores y obtendrá la información necesaria respecto a ingresos, valores y calificación para crédito después de unos cuantos minutos de conversación. El proceso se llama *calificación del prospecto.*

- *Compaginación.* "Los compradores mienten", es una frase de uso constante en muchas oficinas inmobiliarias. La implicación no es que los compradores digan falsedades, sino que están motivados por un buen número de sutiles influencias de las cuales ellos mismos no están conscientes.

Una familia le explica a su agente, con toda honestidad, que le interesa una casa de cuatro recámaras, colonial, en Sunny Meadows. Durante tres meses, el agente les muestra cuanta casa de cuatro recámaras aparece en el mercado. Un buen día, cuando surge otra con esas características, les llama para invitarlos a visitarla y, con tono de disculpa, le dan la noticia de que compraron una casa la semana anterior. Salieron el domingo, visitaron una casa abierta y se enamoraron de... un pequeño rancho de tres recámaras en Hidden Valley. ¡Les encantaron los enormes árboles! Los compradores son mentirosos, concluye el agente.

Por ello, desarrolla la habilidad de leer entre líneas, escuchar con atención y ayudar a la gente a averiguar más de sus motivaciones de lo que ellos mismos saben. Una gran parte del trabajo tiene que ver con compaginar las necesidades del comprador con las casas disponibles. El sistema de archivo o la terminal de cómputo del agente contendrá los nombres de los prospectos adecuados para su casa particular.

- *Citas para visita.* Puede esperar que su agente concierte citas con usted por anticipado, acompañe a todos los prospectos y (salvo excepciones) lleve a cabo la tarea de mostrar la casa. Un propietario en exceso entusiasta puede estropear una venta y por tal motivo, usted nunca debe estar presente.

Todos los buenos corredores han desarrollado una técnica profesional para mostrar las principales ventajas de una propiedad.

- *Demostraciones especiales o casas abiertas.* Por las mismas razones, el agente puede recomendarle que salga de la propiedad durante la sesión de demostración especial, periodo que, comúnmente en el fin de semana por las tardes, se anuncia como el horario en que el público es bienvenido para visitar la casa. Letreros especiales invitan a los visitantes, y ese día el agente dedica varias horas a su propiedad.

- *Informes sobre el avance.* Mientras su casa esté a la venta, usted debe recibir llamadas periódicas de su agente, gesto que apreciará todo propietario, incluso cuando sólo le informe que nada ha pasado; en tal caso, puede esperar sugerencias para mejorar el atractivo de su propiedad.

- *Negociación del contrato.* El tacto y la diplomacia del agente se despliegan directamente en el proceso de hacer que usted llegue a un acuerdo con el comprador calificado que desea su propiedad. Con su conocimiento de las finanzas y las leyes, aunado a la experiencia de las transacciones efectuadas en el pasado, el agente sirve como "amortiguador" entre comprador y vendedor, suavizando hábilmente el camino hacia un acuerdo satisfactorio.

- *Después del contrato.* Dado que son muy escasas las compras al contado, el agente a menudo ayuda a arreglar el financiamiento para el comprador. Conforme se ha hecho más complejo el mercado de las hipotecas, la experiencia en financiamiento es, con frecuencia, el factor más importante para el éxito en la venta. A menos que los compradores hayan contratado a su propio corredor, o empleado a un corredor hipotecario, en muchos lugares se acostumbra que el agente los guíe al prestamista que ofrece términos más favorables, le ayude con la solicitud de hipoteca y supervise todo el complicado papeleo. Durante lo que constituye el momento más angustiante de todos, en particular para el comprador, el agente sigue sirviendo como enlace, permaneciendo en contacto con los abogados y la compañía inmobiliaria.

- *Transferencia de propiedad.* En lo que respecta al acuerdo final, las leyes locales difieren considerablemente. En algunas regiones, el corredor dirige la sesión de cierre, y en otras, ni siquiera está presente.
- *Después de la venta.* El corredor conservará todos los documentos relacionados con la venta y los tendrá disponibles durante algunos años.

¿Hay diferentes tipos de agentes?

Todo negocio o profesión hace sutiles distinciones en rangos; la diferencia entre un profesor asociado y un profesor asistente, por ejemplo, tiene un considerable significado en el mundo académico. Lo mismo puede decirse respecto a los bienes raíces. Antes de empezar a buscar al mejor agente, usted debe conocer el significado de los diferentes términos que encontrará.

Un *agente* es quien tiene la autoridad legal para actuar por otra persona, y un agente de *bienes raíces* es un agente limitado, contratado por usted con un solo propósito: encontrar a un comprador para su propiedad. No olvide que la persona que contrate es su agente y no el del comprador.

Una licencia de nivel inicial se otorga a un *vendedor* (algunas veces llamado agente y no corredor). El vendedor es un aprendiz, supervisado estrechamente por un corredor específico que acepta asumir la responsabilidad legal por los actos del vendedor. La obtención de una licencia de vendedor usualmente implica estudiar y someterse a un examen; según el estado se fijan otras normas. Es un error suponer que un vendedor es, necesariamente, un novato desinformado. Con frecuencia, los agentes expertos deciden permanecer asociados con un corredor que abrir una oficina propia.

Ahora bien, para adquirir la licencia de *corredor* se requieren estudios, exámenes y experiencias, además de un difícil examen estatal. Sólo un corredor puede recibir comisiones de la gente, las cuales comparte con el vendedor de acuerdo con un programa previamente acordado, por lo general una división de 50/50. El vendedor realiza el trabajo de campo durante la transacción, y el corredor lo supervisa, lo respalda con recursos y corre con los gastos de oficina.

REALTOR® es una marca registrada (como Xerox o Frigidaire o Coke) usada por un corredor (en algunas zonas, por un vendedor) que pertenece a una organización privada llamada Asociación Local o Consejo de REALTORS®, así como Asociaciones Nacionales y Estatales. Los REALTORS® obedecen un código de ética que va más allá de la ley de licencias estatal y a menudo patrocinan un sistema local de bolsa inmobiliaria que ofrece acceso a catálogos de casas en venta de muchas empresas diferentes.

REALTOR-ASSOCIATE® es el término que emplean algunas oficinas de REALTORS® para los vendedores asociados con los corredores miembros.

Una organización similar, más pequeña, la Asociación Nacional de Corredores de Bienes Raíces, designa a sus miembros como Realtists, o Corredores Inmobiliarios, quienes también se suscriben a un código estricto. Algunos agentes pertenecen a ambas organizaciones.

¿Cómo encuentro a un buen agente?

Su elección debe basarse en:

- si el agente está actualmente activo en su zona
- cuán hábil y exitoso ha sido
- cómo se siente usted y cuánto confía en él o ella

Una primera y lógica elección es la persona que le vendió su casa actual. Si le impresionó el servicio que recibió, por sobre todas las cosas póngase en contacto con ese agente. Las repeticiones son la fuente de negocios más gratificante y usted recibirá una bienvenida muy especial y un trabajo particularmente escrupuloso. Pero si usted compró su casa hace 20 años, averigüe si el agente sigue activo, cuánto y en cuáles colonias.

Las referencias de amigos, parientes, su abogado o su banquero, compañeros de trabajo o vecinos, también son buenas fuentes de posibles agentes, pues todos ellos se encuentran en posición de comentarle qué clase de servicio recibieron.

Recuerde, sin embargo, que el agente que hizo tan buen trabajo para su tía será de poco valor para usted si opera en el otro lado de la ciudad. Los agentes tienen especialidades y nadie puede ser un experto dentro de un área geográfica demasiado grande. Usted quiere a alguien que trate todos los días con compradores que estén buscando en su localidad, alguien que tenga a la mano un inventario completo de casas aledañas en venta y que recuerde los precios, problemas y tendencias de varios años atrás.

Si usted está siendo transferido por su compañía o está iniciando un nuevo trabajo, su patrón puede ayudarle a encontrar a un agente. De hecho, los arreglos de las transferencias hechas por empresas suelen incluir una gran ayuda con el inmueble. Pueden ofrecerle el avalúo de su casa actual, el precio mínimo garantizado, el pago de comisiones y honorarios legales, el pago de su antigua hipoteca durante unos meses, los gastos de búsqueda de casa y de mudanza.

Aunque usted no está obligado a dar su casa en exclusiva a un agente en particular, los que su compañía le recomiende seguramente serán expertos y estarán bien dispuestos a darle un buen servicio con el fin de mantener la relación con su empresa.

¿Debe contratar a su amigo Harry o a su primo Daniel que está en el negocio de los bienes raíces? La pregunta es delicada. Es conveniente tomar en cuenta varios puntos:

- Si Harry opera en el otro lado de la ciudad o está en el negocio sólo medio tiempo, tal vez no sea la persona indicada para vender su casa.

- Hacer negocios con un amigo o pariente cercano puede ser una buena forma de poner en peligro la relación.
- Quizá Daniel no quiera aceptar dinero de usted y termine donándole su valioso tiempo.

Si confía usted en su amigo o pariente, tal vez quiera seguir adelante y darle la exclusiva, pero si decide no hacerlo, debe explicar sus razones. Puede herir sentimientos si se descubre su decisión cuando alguien en la oficina rastree las nuevas exclusivas en la computadora y diga, "Oye, ¿ese tipo que está en la calle tal no es tu primo? ¿Sabías que está vendiendo su casa?".

Para evitar esto, llame a su amigo o pariente unos días antes de poner su casa a la venta y explíquele que quiere tratar con una empresa más cercana a su casa. También puede pedir su opinión respecto a la compañía que piensa emplear. La cortesía de ofrecer una explicación por adelantado suavizará la situación.

¿Cómo empiezo a buscar al agente perfecto?

Para encontrar a los agentes activos en su colonia, comience con la sección de anuncios clasificados del fin de semana. Deberá leer estos anuncios con regularidad antes de dar su casa a la venta, para familiarizarse con el mercado actual. Las oficinas de corretaje o los vendedores individuales que tienen varias exclusivas en zonas cercanas son buenos candidatos para tomarlos en consideración.

Realice una investigación de los letreros de "Se Vende" en su zona y preste atención a los que digan "Vendida", pues los corredores consideran a estos últimos su mejor publicidad, y con mucha razón.

Una tarde de fin de semana, pasee en auto por la colonia; reunirá valiosa información respecto a las propiedades que compiten con la suya.

¿Debo entrevistar a más de un agente?

Aun cuando le agrade el primero que conozca, es prudente hablar con, por lo menos, tres, permitiéndoles inspeccionar su casa y hacer sus presentaciones de catálogo. Llame a las empresas inmobiliarias activas de su área y pídales que le envíen un agente para hablar con usted, o bien, pregunte por un vendedor específico cuyo nombre haya visto en los letreros. Si no lo hace, el corredor que esté a cargo en ese momento le asignará al agente de turno para que maneje su solicitud.

Una forma excelente de conocer posibles agentes es permitirles que se presenten ellos mismos. Coloque un letrero "En venta - trato directo" en su casa un día, o, uno o dos pequeños anuncios clasificados. Tendrá más respuestas de agentes que de compradores y cada agente que le llame, desde luego, está interesado en su vecindario, es emprendedor y actualmente está libre para aceptar nuevas casas en su catálogo. Es evidente que los que no están activos o tienen demasiado trabajo no le llamarán.

También es muy posible que ese mismo día lo visiten muchos buscadores de casa e incluso reciba varias ofertas por escrito. Esto significa que ha fijado un precio demasiado bajo a su casa, por lo que es recomendable que solicite la asesoría de su abogado inmediatamente.

Lo mejor es pedir un precio más alto de lo que considere apropiado, pues ese tentador anuncio sólo pretende que agentes vendedores inmobiliarios se pongan en contacto con usted.

¿Qué tipo de agente hará el mejor trabajo?

No hay una respuesta fácil al hecho de si le brindará mejor servicio un hombre o una mujer, un vendedor o un corredor, joven o viejo, una oficina pequeña o grande, una empresa independiente o con una franquicia en nivel nacional. Al final, la decisión provendrá de sus propios sentimientos y la habilidad del vendedor que está considerando. Nada importa tanto como el individuo en particular que usted elija.

En una encuesta reciente con vendedores de casas se otorgó mayor valor a la ética del agente, un trato justo a todas las partes, el conocimiento de la comunidad y el dominio de las técnicas financieras. El tamaño de la empresa fue considerado un factor de poca importancia.

Sus propios sentimientos deben guiarle en la elección entre un vendedor experimentado y un joven lleno de energía: el entusiasta principiante, si se le adiestra y supervisa adecuadamente, puede rendir un excelente trabajo. Es posible que el corredor acompañe al vendedor novato durante la primera entrevista y usted, entonces, podrá juzgar si está recibiendo la supervisión apropiada y cómo trabajan los dos juntos. Por otra parte, tal vez prefiera un corredor experimentado con un buen récord de ventas.

¿Busca usted alguien de medio tiempo o de tiempo completo? Muchos piensan que sólo el vendedor de tiempo completo es digno de confianza, bajo la premisa de que tiene un mayor compromiso para vender bienes raíces. No obstante, un vendedor cuyo cónyuge es jefe de departamento en la universidad, o un trabajador con muchos conocidos en la fábrica local, a menudo tiene contacto con personas que acaban de llegar a la comunidad y que pueden estar interesadas en su propiedad. Si bien un vendedor de tiempo completo acaso sea su mejor elección, también puede haber buenas razones para inclinarse por un vendedor específico de medio tiempo; en tal caso, pregunte al corredor a cargo de la oficina si habrá alguien que apoye a su agente cuando él no esté disponible.

La pregunta relacionada con si le brindará mejor servicio una oficina independiente *versus* una empresa asociada con una franquicia bien conocida, es muy difícil de responder, al igual que lo es saber si se anota en el catálogo de una gran agencia o en el de una pequeña. Las oficinas pequeñas e independientes siguen existiendo, y su éxito demuestra que están vendiendo pues, de lo contrario, no habrían permanecido en el negocio. Evite aquellas compañías que se especialicen en propiedades comerciales, con quizá sólo uno o dos vendedores en el departamento residencial, pues su servicio puede ser muy limitado.

¿Y el corredor que también es un REALTOR®? Aunque muchos buenos independientes deciden no afiliarse, el hecho es que los REALTORS® se suscriben a un código de ética. Pero lo más importante es que más del 80% de los REALTORS® pertenece a la bolsa inmobiliaria, lo que ha beneficiado a compradores y vendedores por igual. Si hay ese servicio en su zona, busque a un miembro del sistema.

¿Cómo puedo juzgar a un agente?

Algunas pruebas que puede hacer son:

Identificación. El agente ético y bien adiestrado siempre inicia una conversación telefónica o una visita a su casa con un "Hola, soy Fulano de tal, vendedor de Corredores Bravo". Si usted sospecha que algunas de las personas que respondieron a su anuncio de un día son vendedores que no se identificaron, no haga negocio con ellos.

Divulgación. En la actualidad muchos estados requieren, y en todas partes se recomienda que el corredor haga una pronta aclaración de su papel. Puede esperar que un buen corredor analice, desde el principio, las diversas obligaciones fiscales que usted tendrá como vendedor y el hecho de que tendrá cierta responsabilidad por los actos de su agente. El estatus de subagente también debe abordarse.

Llamadas telefónicas. Una primera prueba de eficacia es el manejo que el agente hace de las llamadas, pues eso le demostrará con cuánta facilidad puede ponerse en contacto con él y, lo que es más importante, el trato que recibirán los compradores prospecto. Casi todos los agentes ocupados se las arreglan para dar atención en la oficina después de las horas hábiles, bien sea a través de un servicio de respuesta o una contestadora telefónica. Los niños que responden el teléfono en la casa del agente deben ser adiestrados para responder con amabilidad y anotar cada llamada con precisión.

Si transcurren uno o dos días sin que respondan sus llamadas, elimine a la agencia de su lista; evidentemente usted no quiere que los compradores potenciales reciban ese trato.

¿Qué sucede cuando me entrevisto con un agente?

Cuando el agente llega para hacer su presentación, en esas entrevistas iniciales en las que intenta venderle sus servicios, debe demostrarle su preparación. Tal vez ya haya confirmado los impuestos correspondientes a su propiedad y las dimensiones del terreno, lo cual no debe considerar como una invasión de su privacía, sino más bien como el buen uso de la información pública que está disponible para quien la solicita. Quizá tenga un registro de lo que usted pagó por su casa, así como un análisis comparativo de mercado detallando las ventas recientes de propiedades similares. Este trabajo habla de un enfoque profesional a su labor. Asimismo, los agentes suelen armarse de estadísticas respecto a la cantidad de exclusivas y ventas que han tenido en su colonia.

El agente que se interesa en brindarle servicio debe determinar sus necesidades. Preguntas como: "¿Cuándo debe mudarse?" y "¿A dónde planea ir?" no son impertinentes, sino que demuestran la clase de información que destaca a un buen agente. Usted quiere a alguien que le haga preguntas similares a los compradores potenciales.

Mientras entreviste a los agentes, observe quiénes están familiarizados con programas especiales en la escuela local, sirvan en el comité de niños exploradores y sepan por qué se rechazó la operación de comida rápida en el local de la Calle Principal. La experiencia local es vital para prestar un buen servicio y, por lo general, es indicio de que el agente está realmente interesado en los bienes raíces.

Pregúntele si acepta llamadas en su casa y cómo se registran éstas en su oficina después de las horas hábiles. Además, si cuenta con un localizador o con teléfono en su auto; eso puede ayudarlo a comunicarse con él con rapidez.

Si el vendedor no proporciona información voluntariamente sobre sus ventas recientes, pídasela y pregunte también respecto a su adiestramiento y cursos que haya tomado en bienes raíces. Quizá finalmente se decida por un carismático novato, pero debe saber cuánto tiempo ha estado el agente en el negocio y el éxito que ha alcanzado.

¿Qué importancia tiene la recomendación que el agente haga del precio?

Un propietario bien informado ha pedido un precio ridículamente alto por su casa sólo para ver las reacciones de los corredores en busca de exclusivas, y coloca al agente en una posición delicada. Si se muestra pesimista acerca de ese precio, corre el riesgo de perder un cliente para su lista, pero el vendedor profesional sabe que un precio exagerado atrae poca atención y significa una pérdida de tiempo y de dinero en publicidad.

Un buen agente tratará, con mucho tacto, de hablar con usted si su precio es demasiado alto; dudará en criticar su casa y tal vez se incline por hacerle sugerencias para mejorar su apariencia. Tenga cuidado con el que se apresure a aceptar un precio exagerado y prometa la venta en una semana: las casas no se venden tan pronto.

Por otro lado, usted no quiere dar en venta su casa a una persona que no muestre entusiasmo por ella. Un agente no debe jugar con sus temores ni denigrar su casa en un intento por regatear. Desde luego, tal vez encuentre a alguien que, por naturaleza, sea reservado o poco entusiasta pero, a menos que eso vaya con sus propias perspectivas, será mejor que contrate a un agente que se entusiasme de un modo razonable con su casa.

¿Qué preparación profesional debo esperar que tenga el agente?

El vendedor principiante tal vez haya estudiado sólo lo necesario para obtener la licencia correspondiente pero, conforme transcurre el tiempo, los destacados toman seminarios, acuden a convenciones de bienes raíces, asisten a sesiones y cursos universitarios sobre avalúo, finanzas o construcción.

Las designaciones, concedidas por las organizaciones de corredores, generalmente se ganan después de estudiar y someterse a exámenes, requieren de cierto nivel de experiencia y, aunque no son garantía de pericia, sí demuestran que usted se ha encontrado con alguien que ha invertido tiempo y esfuerzo en el negocio.

Las bolsas inmobiliarias son una ayuda para la venta y si no hay este servicio en su zona, pregunte al agente si colabora con otras oficinas que pudieran aceptar mostrar o vender su casa. Estos arreglos deben ser hechos por el corredor, no por el vendedor individual con quien usted habla; las políticas de la oficina están bien establecidas en estos asuntos. Trabaje con una oficina que coopere totalmente con otras.

Si su casa finalmente la vende un corredor que colabora en otra compañía, por lo general usted no es responsable de ninguna comisión extra, pero es recomendable que hable de este asunto con el agente, sólo para estar seguros. Pregunte qué porcentaje de comisión se ofrecerá al subagente de la otra empresa que logre encontrar al comprador. En algunas localidades lo más común es una comisión de 50/50, pero la correduría puede establecer su propia cifra. Si no se ofrece suficiente a la otra empresa, es posible que los agentes de la bolsa inmobiliaria no se sientan motivados para trabajar en su propiedad, reduciéndose así el número de compradores potenciales.

¿Debo aceptar cooperar con los corredores de los compradores?

Desde luego, pues todo lo que amplíe la cantidad de compradores es una ventaja para usted. Pregunte también acerca de la política de su compañía respecto al corretaje del comprador. Si el comprador va a pagar a otro agente para que lo represente, ¿su compañía (la de usted) ¿cooperará mostrando la propiedad y negociando un contrato de venta? ¿Su agencia considerará los ajustes apropiados que habrán de hacerse a la comisión?

Los corredores de compradores son un grupo relativamente nuevo, y algunas empresas tal vez no estén acostumbradas a trabajar con ellos. Los corredores antiguos no deben sentirse amenazados por este nuevo arreglo y usted tampoco, pues si se niega a tratar con ellos, estará eliminando una valiosa cantidad de prospectos.

Pregunte qué sucederá si la compañía que contrata también funciona como corredor de un comprador que se interese en su casa. Existen varias formas de enfrentar el problema de los posibles conflictos de interés.

También le conviene analizar, en caso de que su casa sea vendida por el corredor de un comprador, si usted aceptará que éste reciba un porcentaje de la comisión. Aunque eso puede parecer un arreglo muy peculiar, a menudo termina de esa forma sencillamente porque la mayoría de los compradores no tienen mucho efectivo extra. No significa ningún cargo adicional para usted.

¿Qué más debo buscar en un agente?

La mayoría de los agentes, durante una entrevista, ofrecerán dejarle una muestra del contrato de exclusiva y, si no lo hacen, pídala para poderla revisar con calma.

Una buena manera de juzgar a un corredor es ver si recibe una llamada de seguimiento unos días después de la presentación. A usted le gustaría que su agente se comunicara con periodicidad con posibles compradores, ¿no es así?

¿Qué es una venta garantizada?

Bajo algunas circunstancias usted necesita saber que puede contar con cierta cantidad mínima en una fecha determinada. Algunas agencias pueden ofrecerle una venta garantizada. En esencia, se trata de la promesa de comprar su propiedad a un precio de descuento si no se vende antes de la fecha límite. Toda garantía debe hacerse por escrito y usted debe tener la seguridad de que, mientras tanto, la oficina está ofreciendo la propiedad en el mercado en forma adecuada y pidiendo un precio más elevado.

Se justifica que el corredor ofrezca un precio por debajo del valor del mercado, pues hay que recordar que está comprando su casa al por mayor. Es más valiosa para el comprador que pretende vivir en ella. Algunos de los costos del corredor, si él o ella le compra la casa y luego la revende, incluyen un promedio de tres meses de impuestos, seguro, servicios y pérdida en intereses sobre la inversión mientras la casa está vacía. También deben tomarse en cuenta los honorarios legales por comprar y después vender, los gastos de mantenimiento, los puntos y costos de emergencia. El corredor también incluirá la comisión perdida con el comprador final, quien de otra forma habría comprado otra casa.

Si se contempla una venta garantizada, el corredor debe explicarle estos factores y hacer un cálculo del verdadero valor en el mercado de su propiedad. Debe asesorarle para darle un precio atractivo, esperando venderla al menudeo dentro de su tiempo límite.

Revise su lista de propiedades

¿Qué obligaciones tengo si invito a los agentes a mi casa?

Los agentes que acudan a su casa a solicitar la exclusiva tienen la misión de convencerle de que son las personas adecuadas para manejarla. Estas entrevistas iniciales no le costarán nada y usted no está obligado de ninguna forma; incluso si le agrada el primer agente que le llame, es recomendable hablar con otros antes de tomar una decisión. No tiene ninguna obligación hasta que firme el contrato de exclusiva.

La exclusiva es un contrato de comisión mercantil bajo el cual usted acepta pagar una comisión al corredor para conseguir un comprador que esté listo, dispuesto y sea capaz de pagar el precio fijado y cumplir con los términos que ha especificado. Hablando en sentido estricto, este contrato puede ser obligatorio para el corredor, aun cuando usted no sea el dueño de la propiedad e incluso si la transacción nunca se lleva a cabo. En teoría, la función del corredor se cumple cuando encuentra un comprador que satisfaga los requisitos que usted ha especificado, pero en la práctica, el contrato de exclusiva suele contener otras provisiones que regulan el pago de la comisión para protegerlo a usted y al corredor. Tal vez quiera que su abogado revise este contrato antes de firmarlo.

¿Cuáles son los posibles tipos de contratos de exclusiva?

Abierto. En un camino rural uno puede encontrarse una casa aislada con tres o cuatro letreros con la leyenda: "En Venta" en su patio, cada uno con un número telefónico de una agencia diferente. Esta casa se está comercializando a través de contratos abiertos. Los propietarios han prometido a varios agentes pagar una comisión a la empresa que logre una venta satisfactoria, pero si ellos mismos la venden, no habrá comisión para nadie.

El contrato abierto suele usarse en las zonas rurales que carecen de los servicios de bolsa inmobiliaria, para que el cliente pueda usar los de varios agentes de ciudades cercanas. Su sencillez es atractiva y al parecer es en su propio bien; sin embargo, es posible que los agentes carezcan del incentivo de invertir suficiente en publicidad o dedicar tiempo a comercializar su propiedad. Si una oficina de la competencia logra la venta, las horas y el dinero invertido no son rembolsables, por lo que puede ser difícil obtener el máximo esfuerzo de aquellos con quien tenga un contrato abierto.

Exclusivo. Estos contratos pertenecen a dos categorías: agencia exclusiva y el derecho exclusivo de venta.

Con *la agencia exclusiva*, usted conserva el derecho de vender su propiedad por su cuenta, sin tener que pagar una comisión. Ésta es la principal diferencia entre ellos. La agencia exclusiva promete que la oficina con su exclusiva será su único agente. Si alguien va a recibir una comisión, será un miembro de la empresa, pero usted conserva el derecho de vender la propiedad sin tener que pagar una comisión. En cierto sentido, usted compite con su propio agente.

El *derecho exclusivo de venta* es una promesa de comisión si la propiedad es vendida por alguien durante el periodo del contrato. Incluso si usted mismo la vende, deberá pagar una comisión. Con la protección que esto ofrece, la agencia tiene la motivación suficiente para lanzar a todo su personal a cumplir con la misión.

En una bolsa inmobiliaria el agente comparte la exclusiva con algunos otros corredores. Si uno de ellos localiza al comprador, su empresa original recibirá un porcentaje de la comisión, por lo general de alrededor del 50%, dependiendo de lo que se acostumbra en esa localidad en particular. Usted no estará obligado a hacer ningún pago extra.

Una exclusiva que se comparte así puede, en teoría, ser de alguno de los tipos mencionados, pero el derecho exclusivo de venta es el tipo que más requiere la bolsa inmobiliaria. Es difícil comprender que usted pueda firmar un derecho exclusivo de venta con cientos de oficinas diferentes... de alguna manera eso no parece tan exclusivo. Cada una se convierte en su subagente, a menos que usted establezca que no quiere esa relación. Algunos vendedores temen que se les responsabilice por mala representación o violación de derechos humanos que puedan hacer otros corredores que trabajen como sus subagentes.

¿Puedo negociar la tasa de comisión?

Sí puede... si el corredor lo acepta.

Cada empresa de corretaje establece sus propias tasas de comisión, las cuales pueden estar, en una comunidad dada, alrededor del 6 ó 7%. Algunos tipos de bienes raíces que comúnmente se enlistan con tasas altas son terrenos vacíos, granjas, propiedades de recreo, parcelas poco costosas y propiedades difíciles de comercializar.

Por otra parte, en una zona de casas costosas, tal vez pueda negociar una tasa más baja que la normal de la compañía pero, antes de hacer este tipo de arreglo, deberá considerar varios factores: ¿El contrato se incluirá en una bolsa inmobiliaria, en la que una tasa de comisión más baja no va motivar a los otros corredores? ¿El corredor que opera con tasas bajas cuenta con presupuesto suficiente para costear gastos de publicidad?

Se sabe que los vendedores hacen acuerdos por separado con los miembros de la bolsa inmobiliaria de esta manera: "Si tienen que compartir la comisión con otra oficina, les pagaré el 6%, pero si ustedes logran la venta y reciben toda la comisión, la fijaremos al 5%". Esta clase de propuesta es más atractiva para los corredores cuando está relacionada con una casa de precio alto, fijado con justicia.

También puede usted ser abordado por un corredor de descuento, es decir, alguien que ofrece servicios limitados. Averigüe exactamente qué ofrece y cuáles tareas tendrá que realizar usted mismo. Con frecuencia, este corredor ahorra tiempo enviando compradores a su casa en vez de acompañarlos él mismo. Si se decide por contratarlo, asegúrese de que su casa ingrese a una bolsa inmobiliaria con una comisión suficiente ofrecida a la compañía tradicional que pueda atraer a un comprador.

¿Cuánto debe durar la exclusiva?

Un mes es un periodo demasiado corto para protección del agente, pues algunas de las técnicas de comercialización apenas estarán arrancando. Un año, por otra parte, es injusto para usted a menos que esté vendiendo una propiedad rural. En general, un bien inmueble con un precio adecuado debe venderse en un plazo de tres meses, excepto en los mercados deprimidos. El agente puede pedir un periodo de seis meses o incluir una fecha de expiración de seis meses, sin solicitar su autorización. Recuerde que el tiempo es a su discreción y que usted quiere un contrato que contenga una fecha de expiración sin renovación automática. Analice bien estos puntos antes de firmar el contrato de exclusividad.

Su agente probablemente utilice una forma de listado estándar que incluya una estipulación retroactiva, la cual establece que si la propiedad se vende después de la fecha de expiración del contrato a alguien que la vio por primera vez mientras éste estaba en vigor, se deberá pagar una comisión. Esta provisión protege al agente de que, mientras él se esfuerza e invierte en su propiedad, usted espere a que acabe la exclusiva, cierre el trato con un cliente de la empresa y lo despoje de su comisión. El número de días que prevalece esta provisión puede variar, pero 60 después de la fecha de expiración de la exclusiva es, probablemente, tiempo suficiente para proteger al agente.

Si usted está empleando una bolsa inmobiliaria, puede tener razones específicas para preferir no hablar con otros agentes: tal vez una persona enferma en la casa, o un desagrado general hacia las conversaciones telefónicas. Puede estipular que toda cita se haga a través de la oficina con su exclusiva o que su propio agente acompañe a todos, incluso a otros corredores con sus clientes. Estas restricciones, sin embargo, limitan sus posibilidades de vender. Si su propio agente no se encuentra disponible cuando otro corredor esté listo para mostrar la propiedad, su casa será pasada por alto.

¿Qué información financiera se registra?

Las posibilidades financieras pueden detallarse al momento de firmar la exclusiva. Se le pedirá que fije el precio que desee y los términos bajo los cuales venderá. Lo más fácil es decir "al contado" ya que siempre puede aceptar otros términos después. Si está dispuesto a aceptar financiamiento (retener usted mismo la hipoteca), o si tiene una hipoteca que pueda transferirse, estos puntos de venta deben incluirse desde el principio.

Trate de conocer bien la situación hipotecaria en su área y en relación con su casa en particular. Su agente puede requerir el número de su hipoteca y, tal vez, su autorización específica para obtener información respecto a su préstamo o préstamos actuales.

¿Qué más debo analizar al momento de dar mi propiedad en exclusiva?

Muchas cosas aparte de las incluidas en el contrato.
Por ejemplo, ¿puede colocarse un letrero "Se Vende" en su propiedad? Usted debe otorgar la autorización... hágalo, desde luego, pues el letrero es uno de los mejores anuncios que su casa puede tener. En él deberá incluir el nombre y número telefónico de su agencia y también establecer la leyenda "Previa Cita" para que no lo busquen personas inesperadas. No obstante, será preferible no colocar ningún letrero si en la colonia hay exceso de propiedades en venta, si las leyes locales los prohiben, o si necesita mantener la venta en privado.

¿El corredor hará demostraciones especiales? El momento adecuado para hablar de esta posibilidad es al contratar la exclusiva. Los vendedores no se dan cuenta de que pocas ventas resultan de estas casas abiertas, pero si usted quiere que el corredor las programe, hable con él ahora.

También es necesario analizar el horario para mostrar la propiedad. Recuerde imponer el mínimo posible de restricciones: tal vez no quiera mostrar su casa durante determinados días de la semana o mientras un inválido o un trabajador nocturno duerme; o quizá prefiera que nadie la visite durante las siestas de los niños o cuando estén comiendo. Algunos vendedores piden que se les avise de la demostración con 24 horas de anticipación.

Sin embargo, cada una de estas restricciones limita sus posibilidades de encontrar al comprador adecuado. Los visitantes foráneos, en particular, a menudo tienen tiempo limitado y tal vez necesiten encontrar una casa en un día, y las que se pueden visitar pronto tienen la mayor oportunidad de ser elegidas.

¿Y las llaves? No dude en dejar una llave en la oficina para que se use cuando usted no se encuentre en casa. De esta manera se le avisará a otros corredores que está a su disposición y se llevará un control de quién la usa. Si no le agrada la idea de dejar su llave en forma permanente, hágalo al menos cuando salga de vacaciones o de la ciudad durante el fin de semana; de lo contrario, su casa estará realmente fuera del mercado en esos periodos.

En algunos lugares, es común usar cajas de llaves para las propiedades cuyos dueños se ausentan a menudo. Se trata de mecanismos integrados a su puerta y con la llave adentro. Los corredores colaboradores pueden abrir esa caja y tener un acceso fácil cuando usted no esté, y si los compradores potenciales ven el letrero y quieren ver su casa, el agente puede mostrarla sin necesidad de hacer cita.

Aunque el sistema de caja de llaves funciona bien, muchas personas prefieren limitar su uso a las casas vacías. En algunas zonas la tecnología moderna registra el nombre de cada agente que abre la caja.

Una caja de llaves en la puerta ha ayudado a vender muchas propiedades por la facilidad y espontaneidad que ofrece a quien busca casas.

¿Qué información debo dar a los compradores potenciales?

Dado que otras personas tomarán importantes decisiones financieras basadas en la información contenida en el catálogo, es esencial que los detalles sean exactos. Su agente deberá comparar las dimensiones de su terreno conforme a lo indicado en la escritura o los planos, en donde también habrá una descripción de la propiedad. El tamaño del terreno también puede confirmarse con las autoridades hacendarias, quienes proporcionarán las cifras reales de impuestos.

A menos que usted esté seguro de las dimensiones en metros cuadrados de su casa, lo mejor es medir antes de ponerla a la venta.

La antigua norma de *caveat emptor*, "que se cuide el comprador", ya no tiene la fuerza que tuvo en la venta de bienes raíces. Usted y el agente pueden ser acusados de actuar de mala fe, por lo que no sólo deberá responder a las preguntas con toda veracidad sino también agregar información sobre cualquier desperfecto oculto o problema importante, en particular si tiene que ver con la higiene o la seguridad.

Un desperfecto oculto es aquel que no se puede observar a simple vista. No se le está pidiendo que diga: "Venga acá, ¿no notó la gran grieta que hay en el techo de la sala?", porque los prospectos pudieron haberla notado; lo que debe señalar es, por ejemplo, que la cisterna es inadecuada para el tamaño de la casa y requiere de mantenimiento constante. Si no hace esto, puede estar acumulando problemas para el futuro.

Al momento de firmar la exclusiva, hable de todos los gravámenes (obligaciones financieras) que tenga la propiedad. Su hipoteca o escritura fiduciaria es, probablemente, el mayor gravamen, pero otros podrían ser impuestos atrasados, el gravamen de un constructor (originado quizá por ese trabajo efectuado en el camino de entrada a su casa y que usted se negó a pagar) o juicios personales. Su agente y su abogado investigarán este tipo de problemas.

Asimismo, al momento de dar su propiedad en venta, debe mencionar todo lo que sepa de las servidumbres (o sea, el derecho de un vecino de usar su entrada), violaciones de código (usted sabe que la fontanería no cumple con la norma) y las variantes de uso de suelo (la casa no cuenta con el uso de suelo para un departamento con ático, pero nadie le ha molestado por eso). Si está involucrado en un pleito por delimitación con un vecino, también debe mencionarlo ahora.

¿Qué cosas debo dejar con la casa?

Toda propiedad está dividida en dos clases: bien raíz y bien personal. El bien raíz consiste en el terreno y lo que está sobre él. La propiedad personal es algo que se puede mover. El árbol que crece en su terreno es parte de la tierra, pero cuando se corta en madera se convierte en propiedad personal que puede retirarse de ahí.

En sentido opuesto, los bienes muebles pueden formar parte del bien raíz. Una bañera en una tienda es una propiedad personal que puede ser cargada en su camioneta, llevada a su casa y conectada a su sistema de plomería, momento en el cual se convierte en parte del bien inmueble. De hecho se convierte en un accesorio *permanente*, un término especial para los bienes muebles que se transforman en un bien inmueble.

Usted debe saber esto porque muchas discusiones en las transacciones de los bienes raíces se centran en lo que permanece o no permanece con la propiedad. En general, los bienes muebles pueden llevarse de un lado a otro, pero los accesorios permanentes deben quedarse. Con el fin de evitar discusiones, retire algunos accesorios antes de que alguien visite la propiedad. Por ejemplo, si quiere conservar el enorme espejo del pasillo o (lo que es más común) el hermoso candelabro del comedor, la solución más sencilla es que lo remplace antes de mostrar la casa.

Lo que los prospectos no ven, no pueden desear. Si no piensa hacer esto, entonces establezca claramente y por escrito, al dar su propiedad en exclusiva, que se reserva el derecho de llevarse los rosales, el aire acondicionado y cualquier cosa que el comprador pueda suponer que se quedará en la propiedad.

Los accesorios que comúnmente causan problemas son los de iluminación, las cortinas, las antenas parabólicas, los tableros de básquetbol, los colum-

pios y las estufas. La ley sostiene que deben quedarse todos los accesorios que se hayan adosado de
manera permanente, que se adaptaron al uso para
el cual fueron instalados y los que fueron colocados
con intención de quedarse en la casa. Es mejor an-
ticiparse a toda discusión.

Las alfombras generalmente se quedan si están
clavadas al piso. Los aparatos eléctricos pueden retirarse a menos que estén empotrados. Aunque usted esté dispuesto a dejar algunos accesorios, no lo
mencione en el contrato, pues posteriormente pueden convertirse en herramientas de regateo.

Fije el precio de su casa

¿Qué debo hacer si tengo una fecha límite para vender?

En tal situación, un precio ligeramente menor que
el valor real en el mercado podría generar acción
inmediata.

Sin embargo, una venta en un día no cumple
los estándares establecidos para un valor justo de la
propiedad en el mercado, concepto que proviene del
campo del avalúo.

Un valor justo de mercado se ha definido como
el precio más probable que una propiedad puede alcanzar si se ha expuesto ampliamente en el mercado, si se concede el tiempo suficiente para encontrar
a un comprador informado y si ninguna de las partes está bajo una coacción inapropiada. El valor jus-

to del mercado puede o no ser el mismo que el precio de venta final.

La tarea de fijar el precio de su propiedad implica un intento de calcular el valor justo del mercado, dependiendo de las circunstancias.

¿El avalúo es una buena guía para fijar el precio?

El avalúo, resultado de un tipo específico de tasación, es establecido por las autoridades hacendarias como una base para calcular los impuestos prediales. Sin importar la frecuencia con que se revisen los avalúos y lo reales que sean los esfuerzos para nivelarlos con el valor del mercado, el valor tasado pocas veces es una guía confiable.

Algunos vendedores tienen conceptos erróneos respecto a la manera de empezar a calcular el valor. Éstos son los factores que hay que ignorar:

Su costo. Cuánto pagó por su casa nada tiene que ver con la cantidad en que puede venderla. Supongamos que la recibió como un obsequio, ¿también debe usted regalarla?

Su inversión en mejoras. Usted le instaló esa cocina morada porque le gustó, pero no es muy probable que encuentre a un comprador que acepte que la casa vale $20,000 más por ello. Algunos incluso hasta calcularán el costo de desprenderla y remplazarla con una color *fuchsia*.

Costo de reposición. El dinero que tendría que invertir para duplicar su casa, construyéndola a partir del boceto, es su costo de reposición. Generalmente se calcula con el fin de asegurar la propiedad, pero es de poco valor al pretender fijar su precio de venta, excepto cuando se trata de una casa recientemente construida.

Sus necesidades. También carece de importancia en la fijación del precio la cantidad de dinero que usted necesite ganarle. Tal vez necesite $40,000 netos para comprar otra casa, y ese hecho influya en su decisión de vender o no vender: no puede mudarse a menos que tenga los $40,000. Pero ésa no es la base para fijar el precio de su vivienda actual.

Sus problemas particulares no le interesan al comprador, quien está visitando varias casas y comparando precios. La oferta y la demanda, al operar en el mercado abierto, son los factores que marcarán el valor de su propiedad. Su casa tendrá el precio apropiado sólo cuando se considere competitivo en comparación con otra propiedad.

Emociones. No puede fijar un precio basándose en los sentimientos, por el hecho de que su hija dio sus primeros pasos en el patio o su hijo tenía su casa club en la cochera. Sus emociones pueden llevarle a cometer errores graves al fijar el precio de su propiedad.

Los cambios familiares drásticos pueden originar vendedores que sólo quieran dar la espalda a sus situaciones. Pero, aun así, usted debe buscar vender a un valor justo, sin permitir que las emociones influyan en el precio de venta.

¿Qué factores cuentan en la fijación del precio?

Éstos son algunos factores que debe considerar:

Urgencia de la venta. Usted reducirá el precio en proporción a su necesidad de una venta rápida. Si tiene la amenaza de un juicio hipotecario, ofrezca un precio bajo desde el principio. Si debe dejar la casa vacía, sume lo que le costaría mantenerla durante tres o cuatro meses más: los pagos de la hipoteca, el seguro, los impuestos, las utilidades e ingresos perdidos por el capital que quedará invertido en la propiedad. Lo mejor es que pida menos del valor del mercado en lugar de afrontar todos esos gastos y, al final, vender a un bajo precio de todos modos.

Competencia. Si hay pocas casas a la venta en su zona, su propiedad puede aumentar algo gracias a la escasez. Si, por otra parte, una planta local recientemente se mudó fuera de su ciudad y el mercado está inundado de casas del mismo rango de precios, usted tendrá que reducir sus pretensiones para encontrar comprador. Su agente puede decirle si se encuentra en un mercado de compradores o de vendedores en este momento.

Si está tratando de hacer la venta por su cuenta, investigue las cifras de desempleo en su localidad; son una guía rápida y buena.

Las ventas comparables también pueden ser una clave para fijar un precio adecuado. No hay nada como las "comps", que son transacciones terminadas muy similares a la suya. Las casas elegidas para hacer la comparación deben estar físicamente cerca, porque ningún otro factor determina más el valor que la ubicación. Las ventas también deben haber sido recientes, pues las transacciones de hace dos años casi no tienen significado en el volátil mercado de hoy. Y también deben ser similares a su propiedad en estilo, tamaño y condiciones; cuanto más parecidas, mejor.

Su agente puede proporcionarle cifras de las casas comparables. Se recomienda que por lo menos sean tres, y si hay seis, mucho mejor.

El agente no le ofrecerá un "avalúo gratuito"; los expertos dicen que si es gratuito, no es avalúo. En vez de eso, usted recibirá un análisis comparativo del mercado, que son listas que incluyen varias ventas recientes, notas sobre cuánto tiempo estuvieron en el mercado las casas elegidas y lo cerca que estuvo el precio final de venta de la cantidad pedida; después compararán esas casas con la suya. El proceso es una versión simplificada del enfoque del mercado, la técnica que se usa con más frecuencia para los avalúos residenciales formales.

Además de considerar el análisis comparativo del mercado, es recomendable estudiar una lista completa de las casas que actualmente están a la venta en su área. Los compradores elegirán las casas por visitar a partir de ese grupo. Trate de mirar la suya a través de los ojos de ellos y juzgue si el precio que está pidiendo es competitivo, y si le atraería antes de verla.

También conviene analizar los anuncios de su zona para tener un panorama general del mercado actual. Una comparación de los precios promedio de ventas en relación con los precios promedio pedidos por casas similares que aún no se venden, puede darle una buena idea. Las leyes varían en cada lugar en este aspecto, pero tal vez su agente cuente con un esquema de las ventas pasadas en donde se incluyan los precios pedidos y los de venta, para que pueda hacer una buena comparación.

Las prácticas de regateo difieren de acuerdo con las preferencias personales. Algunos vendedores detestan regatear y dan su propiedad en venta a precios muy bajos; otros juegan con algunos miles de dólares sólo para ver si tienen suerte. No obstante, a menudo hay una tendencia discernible que puede proporcionarle una clave sobre lo que el comprador promedio espera. Tal vez encuentre precios que vayan desde un 5% hasta un 10% menos con respecto a los precios de lista.

Recuerde que poseer un bien raíz significa tener el control sobre él, y eso incluye fijar su propio precio. El agente puede tratar de convencerlo de establecer un precio razonable o, por otra parte, evitar hacer recomendación alguna. Al final, la decisión es totalmente suya.

¿Qué cantidad neta puedo esperar de la venta?

La definición de utilidad o plusvalía es: la cantidad de dinero que usted obtendrá después de vender su casa a un valor justo de mercado y pagar todos los gravámenes que tenga. Con frecuencia es el precio de venta de la casa menos lo que se debe de hipoteca.

Si bien no puede fijar su precio de venta basándose en la cantidad de dinero que necesita recibir, al fijarlo conviene calcular la cantidad neta y los gastos de venta en que pueda incurrir.

Dependiendo de su financiamiento, el préstamo del comprador, las leyes estatales y otros factores, sus costos de venta probablemente sean los siguientes:

- *Comisión.* Cantidad que cubra el corredor por mediar en una operación de compraventa de bienes raíces.
- *Ajustes.* Puede deberle al comprador impuestos prediales no pagados, o le pueden deber por dejar combustible en el tanque. Los factores como éstos se ajustarán en el momento del cierre.
- *Gastos legales.* Pueden incluir los honorarios del abogado y el seguro de la propiedad. Su principal responsabilidad es mostrar un título claro y factible de ser comercializado.
- *Impuestos de cesión.* En algunos estados, este factor debe pagarlo el vendedor, sin importar cómo se comportan los otros costos.
- *Inspecciones.* Dependiendo de lo que se acostumbre en su zona en particular, tal vez se espere que usted, como vendedor, pague las inspecciones de ley y de terreno.
- *Avalúos especiales.* Si, por ejemplo, su propiedad se valúa por nuevas aceras o mejoras similares del vecindario, se le puede pedir a usted que pague este gravamen en un pago a tanto alzado al cierre.
- *Gravámenes actuales.* Incluyen su hipoteca y otros reclamos en contra de su propiedad.

¿Qué hay de malo en pedir un precio alto al principio si estoy dispuesto a bajarlo?

En un momento dado, surge en el mercado una buena cantidad de compradores y ellos constituyen sus mejores prospectos. Le tomará aproximadamente tres meses remplazarlos con un número igual de nuevos prospectos.

Si su casa está sobrevaluada, perderá la ventaja que ofrece este grupo de compradores dispuestos y que están acostumbrados a comparar propiedades y tal vez se nieguen a ver siquiera la suya. Usted y su agente saben que venderán por menos, pero los clientes no, y una propiedad por la que se pide demasiado recibe poca atención.

Las encuestas señalan que, cuanto más tiempo está una casa en venta, mayor será el descuento que se haga de su precio cuando finalmente se venda. El público comprador acaba por establecer un precio justo. La casa con sobreprecio se va rezagando en el mercado y requiere de un ajuste de precio antes de atraer a un comprador.

"Siempre podemos bajar el precio" es una frase que a los agentes les desagarada escuchar, pues implica un comienzo lento, anuncios inútiles, discusiones desagradables con el propietario y, por último, una propiedad desperdiciada. Los compradores inteligentes preguntan cuánto tiempo ha estado la casa en venta y por qué no se ha vendido y, aunque el agente explique que lo único malo era el precio, los prospectos pueden recelar.

Si usted de cualquier modo quiere probar con un precio alto "sólo para ver qué pasa", primero elabore un plan escrito para ir reduciendo el precio por intervalos: si la casa no ha atraído suficiente atención en dos semanas, rebájelo a cierto nivel. Si no recibe ninguna oferta en el plazo de un mes, vuélvalo a reducir. Asegúrese de bajarlo al valor real en el mercado en un periodo de seis semanas. Esta clase de compromiso desde el principio asegura un manejo del problema lógico y libre de tensiones.

Aun cuando suenen las campanas y un comprador foráneo, poco familiarizado con el mercado, acepte pagar un precio inflado, los problemas no desaparecerán, pues tal vez deba enfrentarse con la pregunta de "si puede valuarse la casa". La institución de crédito del comprador enviará a un valuador para evaluar su propiedad. Usted y el comprador tal vez hayan acordado que la casa vale $195,000, pero si el valuador no está de acuerdo, entonces usted estará en problemas, pues el préstamo hipotecario se ofrecerá con base en la cifra más baja, y el comprador ya no podrá hacer la compra (ni estará dispuesto a ello).

¿Qué sucede si el precio de la propiedad es demasiado bajo?

La consecuencia más grave de un subprecio es, desde luego, que usted perderá dinero. Hasta los agentes con más experiencia se asombran, en ocasiones, cuando una propiedad que parece tener un precio adecuado de pronto se convierte en una "gran oportunidad".

¿Cuáles son las señales? Una avalancha de llamadas de otras oficinas ya sea para su agente preguntando cómo mostrar la propiedad o directamente a usted solicitando citas. Otro signo seguro es una demostración especial totalmente llena, en donde los prospectos se agrupan en la sala esperando su turno para ver la propiedad, mientras su agente llama a la oficina para pedir refuerzos.

De cualquier modo, es posible que reciba varias ofertas de compra inmediatamente si el precio de su propiedad es bajo. Un agente conocedor del negocio puede aconsejar a un comprador prospecto ofrecer más del precio marcado, pues si la propuesta de ese comprador se presenta al mismo tiempo que otras, significará una buena oportunidad de aceptación.

Si se presenta tal situación, consulte a su abogado de inmediato. Tal parece que ha habido un error en el precio de venta; ¿puede rechazar ahora una oferta del precio total? ¿Puede subir el precio? Obtenga asesoría legal lo más pronto posible.

Si no hay ofertas, puede elevar el precio, y su agente o su abogado le explicarán el procedimiento a seguir, aunque pocas veces se usa en realidad.

Un punto final que hay que considerar al fijar el precio de su propiedad es la barrera de los $10,000. Existe muy poca diferencia en las reacciones de los compradores con respecto a una casa que tiene un precio de $147,000 comparada con otra de $149,000, pero hay una gran diferencia entre las casas de $149,000 y las de $151,000. Si está pensando en unos miles de dólares más y la cifra supera los $150,000, recuerde que automáticamente está eliminando al grupo de compradores que dicen a sus agentes, "No me muestre nada arriba de $150,000". Puede estar descartando a los mejores prospectos para su casa. Considere, entonces, $149,999.99. Esta cifra será tan atractiva para los compradores como lo serían los $149,000.

¿Necesito pagar un avalúo profesional?

El dinero que invierta en un valuador profesional puede significar una inversión redituable al principio o posteriormente, si usted y el agente se encuentran en un callejón sin salida para fijar el precio adecuado.

Un avalúo puede ser una valiosa herramienta de regateo durante las negociaciones del contrato con el comprador. Puesto que es sólo un cálculo —aunque bien informado—, el comprador generalmente lo acepta como una prueba de valor imparcial y casi científica, como lo hace la corte.

Sin embargo, la mayoría de los vendedores confían en las cifras comparativas de sus agentes. Si el agente tiene experiencia en su vecindario particular, el precio que él recomiende tal vez sea tan preciso como un avalúo elaborado.

Al vendedor que no emplea a un corredor generalmente se le aconseja pagar algunos cientos de dólares por un avalúo completo y por escrito hecho por un valuador profesional con designación, certificación o licencia de valuador; es decir, alguien con estudios y capacitación específica en esa área. (Haga la aclaración de que sólo quiere un sencillo informe escrito, que no pretende pagar por toda una disertación de 30 páginas con planos y fotografías del vecindario.) Tiene poco que ganar si vende su casa un día porque le puso un precio demasiado bajo.

Consiga el mejor contrato para usted

Su agente de bienes raíces, siempre consciente de que usted es un cliente a quien debe total lealtad, tiene como meta llevarle a usted y al comprador a lo que se conoce como un *acuerdo*. Un agente exitoso desarrolla valiosas habilidades de negociación, y un vendedor novato se apoyará en la experiencia del corredor en ese aspecto. Como las dos partes se encuentran en tensión, se requiere de mucho tacto y diplomacia, pero el corredor sabe lo suficiente de leyes y finanzas para hacer sugerencias y vencer las dificultades.

¿Cómo se presenta una oferta?

Si usted está tratando de hacer la venta solo, es mejor que pida tiempo para considerar en privado una oferta escrita. Un día o dos es un lapso bastante razonable y le dará la oportunidad de consultar con su abogado y formular una respuesta escrita.

Si está empleando a un agente, probablemente se entere primero por teléfono de que se ha hecho una oferta por escrito para su propiedad. Como las ofertas deben presentarse inmediatamente, quizá hasta se lo notifiquen aun estando fuera de la ciudad.

La mayoría de los propietarios reaccionan preguntando cuánto está dispuesto a pagar el comprador; sin embargo, el agente esquivará esas preguntas, pues revelar el precio de compra por teléfono, sin discutir otros aspectos relacionados, se considera una pésima práctica. Seguramente le pedirán que proponga una hora para que le presenten la oferta en persona. Algunos corredores piden a una secretaria que haga la cita, desviando su petición directa de más información. Se le pedirá que fije una hora en la que todos los dueños de la propiedad puedan estar presentes.

Si usted dio su casa a algún miembro de la bolsa inmobiliaria y la oferta es hecha por otra oficina, el procedimiento dependerá de las leyes locales. La oferta puede turnarse a su agente original para la presentación; en otros lugares, la oficina de ventas es la que se pondrá en contacto con usted directamente; o bien, su agente con la exclusiva puede ser notificado y tal vez le pidan que solicite una cita para el corredor vendedor. En todo caso, usted puede requerir que su agente original acuda a la reunión para la presentación de la oferta. El comprador probablemente no esté presente.

¿Qué pasa si hay más de una oferta?

Recuerde que su agente, aunque está obligado a lograr el mejor trato, naturalmente está ansioso por vender la casa a través de su oficina y, de ese modo, ganar toda la comisión. Cuando llegue una oferta, haga una doble confirmación: pregunte si hay alguna otra que se esté preparando en otra parte, o si hay rumores de que así sea.

Si llegan varias ofertas, lo mejor es considerarlas todas al mismo tiempo. Aunque la primera de ellas esté firmada por un supuesto comprador, no tiene prioridad. Mientras usted no haya decidido sobre ninguna oferta, es libre de considerar todas y responder a la que elija.

En algunas áreas, el corredor le entrega un memorándum con el precio y los términos de compra propuestos. En otras, la oferta de compra es una propuesta bien detallada; si usted firma aceptando algo, se convierte en un contrato de compra obligatorio.

En Estados Unidos, los corredores creen que una de cada 10 transacciones se hace al precio de venta, pero la proporción bien puede ser diferente en su área. Entre los factores que pueden limitar el precio ofrecido están: el costo de propiedades comparables y que se encuentran a la venta, el conocimiento del comprador de ventas similares recientes y —con frecuencia lo más importante— la capacidad del comprador para pagar. Recuerde que, aunque usted y los compradores puedan estar de acuerdo en algún precio, puede haber problemas más adelante si no califican para un préstamo hipotecario, o si el prestamista hace un avalúo desfavorable de su casa.

¿Qué términos puedo esperar ver en la oferta?

Los compradores detallarán los términos según los cuales planean adquirir la propiedad. Antes de que retire su casa del mercado en beneficio de ellos, usted necesita tener la seguridad de que la transacción concluirá satisfactoriamente.

Si recibe una oferta al contado, investigue con su corredor, su abogado o los mismos compradores sobre sus posibilidades de conseguir esa cantidad de dinero y la fuente de los fondos. Si bien puede parecer que eso no es asunto suyo, usted tomará una decisión basado en la capacidad que tengan ellos para cumplir sus obligaciones.

Si el comprador quiere responsabilizarse por su hipoteca actual, su abogado puede asesorarle sobre todas las implicaciones legales. Pida una explicación de la responsabilidad contingente ya que, en algunos casos, en particular cuando el comprador no presenta al prestamista información acerca de su calificación para la hipoteca, usted seguirá siendo responsable por el préstamo incluso después de vender la propiedad.

¿Qué son las contingencias?

A menudo los compradores harán su oferta sujeta a ciertos sucesos o contingencias, lo que significa que prometen comprar la propiedad, pero:

- sólo si venden su casa actual
- sólo si su cónyuge aprueba la nueva casa, o
- sólo si se presenta un peritaje satisfactorio

También es posible que haya otras contingencias. Para protegerse, pida que cada una de ellas se ajuste a un tiempo límite. Los peritajes generalmente se obtienen en unos tres días, y lo mismo puede suceder con la aprobación del cónyuge. No correrá mucho riesgo si acepta y retira su casa del mercado durante unos cuantos días.

La estipulación de que debe obtenerse financiamiento es comprensible. Puede pedir que el comprador prometa presentar una pronta solicitud ante una institución de crédito. El contrato incluso puede estipular que recurra a tres, si es necesario, y bajo la guía de su agente. De nuevo, hay que establecer un tiempo límite y, como con todas las disposiciones del convenio, todo debe asentarse por escrito dentro del contrato mismo.

El que usted acepte una oferta contingente condicionada por la venta de la casa del comprador, depende de su situación y de la urgencia que tenga de vender.

Cuando la contingencia es por la venta de la actual casa del comprador, use su sentido común. Algunos vendedores simplemente rechazan todas las ofertas contingentes, y otros las encuentran razonables, porque los compradores pueden requerir el dinero de su venta para comprar otra casa.

Cuando usted acepta una oferta de este tipo, está cambiando la preocupación por la venta de su casa por la preocupación por la venta de la de otra persona, sobre la cual no tiene ningún control. Tiene derecho de investigar cuán probable es que la otra propiedad se venda y si se pide por ella un precio razonable; incluso puede incluir en su contrato disposiciones relacionadas con este asunto.

Los términos de una oferta (bien sea un trato al contado o que incluya una contingencia) a menudo afectan el precio de venta finalmente acordado. Si va a esperar la venta de la casa del comprador, tiene justificada razón para pedir un precio mayor a cambio de la inseguridad.

Asegúrese de que toda oferta contingente basada en la venta de la propiedad actual de un comprador incluya una cláusula de escape. Esta previsión le permite continuar mostrando su casa y, si recibe otra oferta que quiera aceptar, tiene que notificar a los primeros compradores que deben retirar su contingencia o renunciar. Ellos pueden aceptar comprar su casa en la fecha especificada, venga lo que venga, o anular el contrato y permitirle negociar con el nuevo comprador.

Las leyes locales sugieren los términos exactos de la cláusula de escape. Puede usted permitir un periodo de un mes, en el que los compradores estarán seguros con el contrato; pero si después de eso su propia casa no se ha vendido, su oferta puede ser rechazada por otra. Generalmente, usted promete a los primeros compradores un periodo de tres a cinco días hábiles para tomar una decisión en caso de que se invoque la cláusula de escape.

El problema es que cuando una casa se vende sobre una base de contingencia, la mayoría de los corredores dejan de mostrarla.

El contrato de compra debe explicar detalladamente todos los artículos mencionados al momento de hacer el contrato de exclusiva: columpios, alfombras, espejos, candelabros y, en general, todos los accesorios que deje en la propiedad. Además, puede aceptar incluir artefactos de propiedad personal como aparatos de cocina, una lavadora, una secadora o las cortinas.

El contrato debe mencionar también lo que se llevará. Un acuerdo verbal no es suficiente garantía contra posteriores malentendidos.

¿Qué factores debo tomar en cuenta respecto al depósito?

Las costumbres locales varían y a los compradores se les pudo haber dicho que la norma es el 1, el 2, el 6 y hasta el 10%; hasta pueden ofrecer menos. Un depósito de $1,000 es respetable e incluso una suma menor puede ser suficiente para hacer que los compradores se sientan comprometidos a seguir adelante con la transacción.

En algunos lugares, los compradores acostumbran hacer depósitos más pequeños al momento de firmar la oferta, estableciendo en el contrato que aumentarán el depósito en una cantidad específica cuando la oferta sea aceptada.

Preste atención a la forma en que se da el depósito. Los compradores pueden ser personas que vienen de otra ciudad que no tienen grandes sumas en una cuenta de cheques; ¿le prometieron hacer efectivo el cheque tan pronto como vuelvan a casa? Un pagaré es de poco valor en este asunto, y un depósito en efectivo de $500 a menudo es más útil que un vale por $5,000.

¿Qué más debe incluir el contrato?

El contrato de compra contendrá detalles respecto a los factores que deberá dividir con el comprador al momento de cerrar el trato: cuentas de agua, impuesto predial, etc. El contrato debe estipular el tipo de escritura que usted tiene que entregar, cuál de las partes tiene la responsabilidad por las pérdidas resultantes de un incendio antes de la fecha del cierre, el procedimiento si se encuentra una imperfección en el título, y muchas otras cuestiones que pretendan resolver desacuerdos conforme la transacción avance. Debe especificarse una fecha de cierre y, a menos que se incluya la poderosa cláusula legal "el plazo del contrato es irrevocable", la fecha de cierre mencionada es un mero objetivo y puede ir y venir con el contrato y seguir teniendo efecto. Si una determinada fecha es esencial para usted, asegúrese de consultar a su abogado antes de declarar el tiempo irrevocable.

La posesión de la propiedad generalmente se otorga en la fecha del finiquito. Rara vez es necesario permitir que los compradores se muden antes de tiempo o que usted permanezca después.

Si pretende quedarse un poco más de tiempo, tal vez se le pida pagar una renta e incluso depositar una gran suma en garantía para asegurar que finalmente se mudará según lo acordado. Como todos los demás arreglos, esto debe estipularse en el contrato de compraventa.

Sería conveniente que incluyera ciertas limitaciones en el contrato, para su propia protección. Quizá deba hacer reparaciones, si así lo requiere la institución financiera, pero sólo hasta cierta cantidad de dinero. Si está incluyendo aparatos en la venta, querrá transferirlos "como están" en donde las leyes estatales lo permitan.

La oferta que reciba probablemente contenga un tiempo límite: "Esta oferta es válida hasta el sábado a medio día". En la mayoría de los estados, los compradores son libres de retirar su oferta hasta que usted la haya aceptado. Si no lo hacen, y usted acepta antes del sábado a medio día, contará con un contrato de compraventa obligatorio para ambas partes.

¿Son "sí" y "no" las únicas respuestas posibles a una oferta?

No del todo, también puede ser "tal vez".

"Sí" es una aceptación de la oferta como tal, sin ninguna alteración. Usted puede escribir encima de la firma la frase *sujeto a la aprobación de mi abogado*. En este caso, su abogado debe aprobar más tarde el lenguaje y previsiones del contrato y, si no lo hace, usted puede anular el contrato, o ambas partes pueden aceptar modificarlo. En algunos estados, el abogado del vendedor automáticamente tiene este derecho durante un determinado número de días, al igual que el del comprador.

Por anticipado puede arreglar llamar por teléfono a su abogado mientras considera la oferta de compra; algunos están dispuestos a atenderle incluso durante horas no hábiles. Si la oferta se presenta en una forma estándar que el abogado conoce bien, bastarán unos cuantos minutos para analizar los términos específicos que se detallan y para que pueda recibir consejo legal por teléfono.

Otra solución sería llevar el contrato a la oficina del abogado antes de aceptarlo, pero siempre tomando en cuenta dos cosas: primera, muchos abogados no le darán asesoría en lo que respecta al precio, pues consideran que es un aspecto que no cae dentro de su experiencia; y, segunda, siempre existe la posibilidad de que esté trabajando con un abogado muy quisquilloso, poco acostumbrado a las transacciones inmobiliarias y que puede demorarse y entretenerle hasta hacerle perder una oferta favorable. En todo caso, usted es quien toma la decisión final, considerando el consejo de su agente y su abogado.

Después está el "no".

Siempre puede rechazar totalmente una oferta y, una vez que lo ha hecho, ya no puede cambiar de opinión y arrepentirse, ni siquiera cinco minutos después. Supongamos, por ejemplo, que la oferta es buena hasta el sábado a medio día, pero el viernes por la noche usted la rechaza. No puede cambiar de opinión el sábado en la mañana y aceptarla; y si quisiera hacerlo, tendría que preguntar a los compradores si estarían dispuestos a restablecerla.

Como usted sabe que una casa a bajo precio se vende pronto, también puede sentirse escéptico si surge pronto una buena oferta. Una manera lógica de pensar es: "Si recibí una oferta por $120,000 después de sólo una semana, ¿cuánto podré obtener si espero un poco más?".

Sin embargo, una verdadera ganga se aprovecha en uno o dos días y, después de una semana, puede suponer que el mercado está operando normalmente. La experiencia ha demostrado que la primera oferta a menudo es la mejor, y esto es porque una nueva casa a la venta se muestra a un gran grupo de compradores potenciales. Es muy probable que su primera oferta venga de ese grupo y, entonces, tenga cuidado con rechazar lo primero que le propongan. Un agente no se siente muy consolado con un "Se lo dije" si, tres meses después, usted sigue esperando en vano una propuesta igual.

Entonces ¿qué significa un "tal vez"?

Mejor que un simple rechazo es una contraoferta, pues con ella usted puede aceptar la propuesta de los compradores, si se le hacen algunos cambios.

Por otra parte, corre el riesgo de perderlos, ya que no aceptó su propuesta y ahora ellos pueden aceptar o rechazar la suya. Pero, cuando menos, una contraoferta, con su posibilidad de llegar a un acuerdo final, es mejor que un rechazo directo.

Mientras la contraoferta está pendiente, su casa estará más o menos reservada, así que debe procurar que su contrapropuesta esté vigente sólo durante un breve periodo, tal vez un día o dos.

Si su casa se ha convertido en una propiedad muy deseada y usted anticipa otras ofertas en los próximos días, quizá prefiera no atarse con una contraoferta por escrito. "Diga al comprador que aumente $5,000 y lo consideraré", podría comentar informalmente al agente, sin comprometerse.

Los negociantes inexpertos algunas veces suponen que el procedimiento adecuado es que el comprador inicie con una oferta baja y que el vendedor presente una contraoferta un poco por debajo del precio pedido, desencadenando una serie de contracontraofertas que los lleve finalmente a un precio intermedio. En la práctica, demasiadas "contras" llegan a acabar con la transacción. Conforme las emociones aumentan y el proceso se convierte en una prueba de voluntades, las partes pierden de vista el objetivo principal: llegar a un acuerdo.

A sus compradores les conviene hacer su primera oferta lo más elevada posible y usted debe hacer su contraoferta cercana al precio que realmente busca. Si está decidido a mantenerse en su precio de venta, piense en el orgullo de los compradores y ofrezca una pequeña reducción —quizá algunos cientos de dólares— para mostrar buena voluntad. También puede ofrecer dejar el refrigerador o las cortinas, que tal vez sean objetos que los compradores no quieran particularmente, pero que hacen que salven las apariencias al aceptar su precio; al menos, pueden pensar que su oferta de un menor precio no fue inútil ya que obtuvieron algunas concesiones.

Durante la negociación del precio conviene tener siempre en mente el objetivo, pues uno puede distraerse insistiendo hasta en el último centavo por cuestión de principios, y olvidando totalmente el hecho de que cuando fijó el precio por pedir, esos miles extra eran "sólo para ver que sucedía".

Una contraoferta también puede tener que ver con cuestiones muy alejadas del precio, es decir, usted puede "aceptar todos los términos y condiciones, excepto que el precio de compra será de $132,000" o "aceptar todos los términos y condiciones, excepto que la fecha del cierre será el 30 de junio". O bien, puede pedir que se agregue una cláusula de escape a la contingencia relacionada con la venta de la propiedad de los compradores. Cualquiera de los términos analizados previamente en este capítulo pueden añadirse a su contraoferta. Las circunstancias pueden sugerir otras disposiciones y, en tanto ambas partes estén de acuerdo y el asunto no sea ilegal, casi cualquier cosa puede incluirse en el contrato. Cuando se trate de disposiciones poco usuales, la terminología deberá sugerirla su abogado o el de los compradores.

¿Quién firma el contrato de venta?

Cuando usted y el comprador han firmado una aceptación total de los términos, el contrato es obligatorio y, teóricamente, la comisión se ha ganado.

No es esencial que todos los compradores firmen la oferta, pero sí que todos los vendedores lo hagan. En algunos estados, diversas disposiciones establecen que el cónyuge firme, aunque no sea propietario del título.

El día del cierre

¿Qué debo hacer si el comprador necesita mudarse antes del cierre?

No deje que suceda.

Los corredores y abogados están de acuerdo en que es una mala idea permitir que el comprador se mude antes del cierre, pero si las circunstancias obligan a ello, analice el asunto a fondo con su abogado. Entre los puntos que se deben considerar en un convenio de mudanza previa, están los siguientes:

- El comprador primero debe haber entregado el cheque del crédito bancario.
- Debe fijarse un depósito de seguridad elevado. Algunos vendedores requieren que se deposite todo el efectivo que el comprador necesitará al cierre.

- Los compradores deben prometer no hacer cambios en la propiedad hasta que sean dueños de ella.
- La renta puede establecerse a una tasa más alta que los pagos hipotecarios esperados, con el fin de que sirva como incentivo para llegar a un acuerdo a tiempo.
- Un convenio escrito debe asegurar que los compradores aceptarán todo "como está" el día que se muden. También debe indicarse por adelantado quién pagará por las subsecuentes reparaciones.

Debe comprobarse el seguro de responsabilidad.

Su contador puede aconsejarle si el periodo de renta pone en peligro su sistema de impuestos especial para las ganancias en la venta de su propia casa.

Evite que el comprador ocupe su casa antes del cierre siempre que sea posible. Es fácil, si lo piensa detenidamente, que le encuentre toda clase de objeciones y detenga e incluso frustre el cierre. Y si no recibe el compromiso de hipoteca o algo obstaculiza el cierre, será difícil desalojarlo.

Si la casa está vacía y los compradores quieren entrar a medir las cortinas, es algo comprensible, pero si quieren pintar algunas habitaciones, desprender los gabinetes de la cocina o comenzar a dar un nuevo acabado a los pisos, piénselo dos veces antes de permitírselos.

Del plato a la boca se cae la sopa, y si el trato no se cierra como se prometió, pueden dejarle con un palmo de narices.

¿Cómo debe prepararse el comprador para el cierre?

El comprador debe actuar de buena fe para cumplir todas las condiciones estipuladas en el contrato de compra. Si está buscando un nuevo préstamo, debe hacer pronto una solicitud ante una institución de crédito apropiada y cooperar en la obtención de todos los documentos necesarios.

Si los compradores deben vender su casa actual, tal vez usted haya especificado en el contrato que la pondrán a la venta en el mercado abierto de inmediato. Sin embargo, pocas veces tendrá usted control sobre el precio que ellos pidan por la propiedad o cómo respondan a las ofertas de compra que reciban.

El contrato contendrá sus acuerdos relacionados con cuál parte arreglará y pagará cuestiones como avalúos y peritajes de ingeniería. Generalmente estas responsabilidades son dictadas por las leyes locales. Durante el periodo de espera, los corredores, del comprador o del vendedor, y los abogados se harán cargo de estos asuntos.

Los compradores serán avisados, antes del cierre, sobre la cantidad de efectivo que necesitarán y deberán obtener un cheque de caja o certificado por esa cantidad.

¿Qué problemas pueden surgir antes del cierre?

Repentinamente y para su sorpresa, un día pueden informarle que el constructor de techos con quien discutió el otoño pasado ha presentado un embargo preventivo que afecta su título de propiedad. Para librarse de este embargo, tiene que pagar. Su abogado estará dispuesto a transmitir la buena noticia al contratista, quien estará tan contento con la perspectiva del pago que existe la posibilidad de acordar una suma inferior. Si prefiere recusar el gravamen, puede liberarlo colocando un bono pendiente de adjudicación.

Cualquier otro gravamen que tenga su casa debe liquidarse (impuestos no pagados, juicios personales).

Una investigación de título puede provocar demandas inesperadas contra la propiedad por parte de su ex cónyuge o por herederos de un anterior propietario. En tales casos, puede usarse una simple carta de renuncia, pues al firmarla, la persona involucrada desiste de todo derecho que pueda tener, sin presentar demanda por la propiedad.

Si se encuentra usted atrapado entre dos casas y no recibe los ingresos de la vieja propiedad a tiempo para cerrar el trato de la nueva, es factible un préstamo específico a corto plazo. El banco puede llamar a dicho préstamo un financiamiento interino, préstamo columpio, préstamo puente o cambio. El abogado y/o el agente le ayudarán a investigar este asunto.

Si al cierre usted pagará una hipoteca retenida por una institución financiera normal, recibirá un pago exacto a la fecha del cierre; pero si va a pagar una hipoteca retenida por un individuo privado (tal vez la persona a quien le compró la propiedad), hay que tener precaución. Tiene derecho a recibir un certificado de satisfacción que establezca que el préstamo ha sido pagado; en algunos estados, ésta es una escritura de restitución.

Este documento es muy importante ya que será incluido en los registros públicos informando que su deuda está pagada. Las instituciones financieras están acostumbradas a otorgar el documento, en tanto que no sucede lo mismo cuando se trata de un prestamista privado. Su abogado, o la persona que esté a cargo del cierre, debe asegurar el certificado, firmado por el prestamista, y conservarlo hasta que se haga el pago.

Si el comprador pagará al contado y no se registrará ninguna hipoteca, sigue siendo importante asegurar ese certificado.

¿Qué debo hacer si todo fracasa?

Si la transacción falla, la ayuda de su abogado será de vital importancia para que conozca sus derechos y responsabilidades. Si debe anular todo sin razón legal aceptable, tal vez sea responsable de algunos daños e incluso de algún tipo de litigio (único para los bienes raíces) que requiera de un desempeño específico. El concepto de tal desempeño específico se basa en el hecho de que cada propiedad es diferente y que los daños por dinero tal vez no compensen adecuadamente al comprador que insista en adquirir su casa específica.

Aunque los compradores acepten retirar sus demandas, recuerde que su corredor de bienes raíces, habiendo prestado sus servicios, tal vez tenga derecho a una comisión completa. Dependiendo de las circunstancias, el corredor puede presentar una demanda por la comisión o bien renunciar en favor de su buena voluntad y la esperanza de un futuro negocio.

Si el comprador se arrepiente sin una buena razón, tiene usted derecho al pago de daños, y el corredor también tiene derecho a la comisión, de lo cual usted es responsable. El abogado sabrá si es pertinente alguna acción legal. Para evitar el litigio, el comprador a menudo renuncia al dinero del depósito y algunas veces esa suma se divide entre el vendedor y el corredor.

En ocasiones, una transacción fracasa sin que haya responsables, tal vez porque determinadas condiciones del contrato son imposibles de cumplir; o porque el comprador no consiguió el préstamo hipotecario; o quizá usted no pudo ofrecer un título de propiedad comercializable. En tal caso, el contrato de compraventa puede especificar que el comprador recibirá el rembolso total del depósito.

Entrega de escrituras y cobro del dinero

En todo cierre, el fundamento de la transacción es el siguiente:

- El vendedor demuestra tener un título de propiedad comercializable.
- El comprador paga la propiedad.
- El vendedor entrega las escrituras.

Si hay un nuevo financiamiento involucrado, la transacción se complica por las firmas y la entrega de un bono y la hipoteca o, en algunos estados, una escritura fiduciaria.

Si no puede asistir al cierre, tal vez su abogado le presente la escritura para que la firme por adelantado, lo cual es su mayor contribución al procedimiento. No olvide dejar también las llaves de la puerta principal. Si otorga a alguien el poder notarial, autorizándolo a actuar en su nombre en el cierre, ese poder será bueno sólo mientras usted esté vivo. Por tanto, quizá le pidan que deje un número telefónico en donde se le pueda localizar al momento del cierre, y la conversación se escuchará más o menos así: "Hola, ¿cómo está?". "Bien, gracias". Será prueba suficiente de que aún está entre los vivos.

¿Cómo debo prepararme para el cierre?

Ya llamó a sus compañías de servicios para que tomen las lecturas finales de sus medidores. Tal vez sea práctico llenar el tanque de combustible para que sepa cuánto está dejando. Puede pagar esta cuenta y después arreglar el resto con el comprador al cierre.

Ya vendió lo que le sobraba, avisó a la oficina de correos, los editores de las revistas a las que está suscrito, la compañía telefónica, contrató una empresa de mudanzas y terminó de empacar.

Ya vació su caja fuerte, canceló el servicio de entrega de periódico, contrató un servicio de niñeras para el día de la mudanza y vació el refrigerador.

Empacó una caja de accesorios básicos para llevarla consigo en su automóvil: medicinas, sábanas, linternas, focos, la cafetera y un poco de café, sal y azúcar, toallas, platos, cables de extensión, un martillo y un desarmador, ollas y utensilios de mesa, franelas para limpiar, jabón, toallas de papel, una escoba y bolsas para la basura.

¿Qué falta?

Procure dejar su casa limpia: si no impecable, cuando menos aseada. Esto significa retirar las pilas de periódicos viejos, lavar el refrigerador, eliminar la basura o dejarla de una manera ordenada y barrer los pisos.

¿Qué debo hacer si el comprador pide una revisión de último minuto?

Ésta es una acción razonable y prudente de su parte y tal vez la haya incluido en el contrato. El comprador querrá confirmar que no hay ventanas rotas, asegurarse de que está dejando la estufa que prometió y descubrir cualquier problema de último minuto antes del cierre, y no después. Como de costumbre, conviene que el comprador vaya acompañado del corredor, mientras usted participa de una manera limitada con cordiales fragmentos de información o consejos relacionados con la propiedad.

Haga una última revisión del contrato de compra para confirmar que ha cumplido lo prometido en relación con artículos como el equipo de chimenea, las alarmas de humo y los equipos de juegos o deportes.

¿Qué asuntos se ajustan al cierre?

Usted y los compradores tendrán que ajustar varios detalles financieros, entre ellos, indudablemente, los relacionados con los impuestos prediales. En algunos lugares los impuestos se pagan por anticipado, por lo que, en este caso, si usted cubrió su último pago, lleva un año adelantado. Si el cierre se efectúa, por ejemplo, al final del cuarto mes, los compradores recibirán una casa con los impuestos de ese año pagados y deberán rembolsarle los próximos ocho meses.

En otros lugares, los impuestos prediales se pagan atrasados, y el pago del año actual no se vencerá en ocho meses. Dado que usted ha vivido en la casa durante cuatro meses, debe acreditar una suma que iguale cuatro meses de impuestos al nuevo dueño, quien más tarde pagará el año completo.

Del mismo modo se ajustarán los pagos de agua.

Si hay inquilinos, deberá entregar todo depósito hecho y los pagos anticipados de renta al nuevo propietario, quien devolverá este dinero a los arrendatarios cuando dejen la propiedad.

Si los compradores se están responsabilizando por su hipoteca, los pagos de intereses se ajustarán de manera que usted pague por los días en que fue propietario de la casa. Los nuevos dueños tendrán que cubrir el próximo pago, que deberá incluir el interés del presente mes.

Los abonos actuales de su hipoteca pueden incluir cargos mensuales por impuestos o por pagos de seguro. El prestamista establece un depósito o cuenta de reserva con el fin de reunir estos fondos para un posterior desembolso. Si la hipoteca se está pagando en vez de transferirse, usted recibirá el saldo de esta cuenta directamente del prestamista; de lo contrario, el nuevo propietario le rembolsará el dinero de esta cuenta, que permanece con la hipoteca.

Tal vez le pidan una factura de venta por el mobiliario o los aparatos que se queden en la propiedad. El comprador debe pagar el tanque lleno de combustible que usted dejó; si los costos han cambiado, la ley dicta que debe pagársele al precio actual.

Los abogados de ambas partes, o las personas que están a cargo de la transacción, deberán estar de acuerdo en todos estos ajustes y finalmente redondear el cierre.

¿Qué gastos tendré al cierre?

Algunos costos de cierre son negociables entre el vendedor y el comprador, aunque el último minuto no es el mejor momento para tales negociaciones. Otros costos son suyos y pueden incluir los siguientes:

- *Gravámenes y demandas en contra de su propiedad.* Antes de que los compradores reciban el título, generalmente insisten en que se liquiden los impuestos que no se han pagado, la hipoteca actual, los préstamos para mejorar la casa, gravámenes por proveedores, juicios y otros embargos.
- *Avalúos especiales.* En ausencia de cualquier otro acuerdo, tal vez se espere que pague de

una sola vez todos los cargos que hayan surgido en su contra durante los últimos años por aceras nuevas, alumbrado público y otras mejoras.

- *Impuesto de traspaso.* En algunos estados o localidades, se cobra un impuesto cuando se traspasa una propiedad, y quizá encuentre una previsión legal acerca de que este costo debe ser pagado por el vendedor.

- *Abogado.* Usted debe pagar los honorarios de su propio abogado. El asunto de quién paga los servicios de cierre generalmente es dictado por la práctica local.

- *Inspecciones, seguro de título de propiedad.* Nuevamente, con base en la ley, el contrato que firmó dictará si usted o el comprador será quien pague.

- *Penalización por pago adelantado.* Tal vez deba una cantidad al prestamista si paga su préstamo convencional antes del plazo. No obstante, las leyes estatales han reducido poco a poco estos cargos.

Otros títulos de la colección

TÍTULO	AUTOR	ISBN
Cómo comprar o vender tu casa	Edith Lank	0-7931-2698-3
La administración de inmuebles	Víctor J. Perera Calero	0-7931-2699-1
Los bienes raíces y los números	Real Estate Education Co.	0-7931-2697-5
Diccionario del negocio inmobiliario	Marcelo Salles Bergés y Chapital	0-7931-2149-3
Cómo triunfar en la venta de propiedades	Carla Cross	0-7931-2351-8
Técnicas del avalúo inmobiliario	William L. Ventolo, Jr. Martha R. Williams	0-7931-2148-5
Cómo superar a la competencia en el negocio inmobiliario	Gail Lyons	0-7931-2151-5
El poder del teléfono en las ventas	Teri Gamble Mike Gamble	0-7931-1953-7
El negocio de bienes raíces en México	José Manuel Valles Septién Luis A. Cancino Castillo	0-7931-2147-7

CÓMO COMPRAR
O VENDER TU CASA
PRIMERA EDICIÓN
SEPTIEMBRE 10, 1997
TIRO: 3,500 EJEMPLARES
(MÁS SOBRANTES PARA REPOSICIÓN)
IMPRESIÓN Y ENCUADERNACIÓN:
IMPRESOS DE ALBA
FERROCARRIL DE RÍO FRÍO NO. 374
COL. AGRICOLA ORIENTAL
MÉXICO, D.F.
Printed in Mexico